초능력 영어 말하기 기초문법

2판 1쇄 발행   2025년 8월 2일
초판 1쇄 인쇄   2017년 11월 17일
초판 1쇄 발행   2017년 11월 27일

지은이	새라 김
발행인	임충배
홍보/마케팅	양경자
편집	김인숙
디자인	서해숙, 김수연
펴낸곳	도서출판 삼육오(PUB.365)
제작	(주)피앤엠123

출판신고	2014년 4월 3일
등록번호	제406-2014-000035호
주소	경기도 파주시 산남로 183-25 TEL 031-946-3196	FAX 031-946-3171
홈페이지	www.pub365.co.kr

ISBN 979-11-94543-30-5 03740
©새라 김&2025 PUB.365

- 저자와 출판사의 허락 없이 내용 일부를 인용하거나 발췌하는 것을 금합니다.
- 저자와의 협의에 의하여 인지는 붙이지 않습니다.
- 가격은 뒤표지에 있습니다.
- 잘못 만들어진 책은 구입처에서 바꾸어 드립니다.
- 본 도서는 「말칙한 영어로 체계적으로 말하자-기초문법편」과 주요 내용을 리뉴얼한 도서입니다.

기초 영어 능력

초능력
영어
말하기

새라 김 지음

기초문법

PUB 유오

우리말로 "'내가 너를 좋아한다.'와 '나는 너를 좋아한다.'는 뭐가 다를까?" 이 문법적 차이를 논리적으로 설명하는 사람을 내 주변에서 본 적이 없다. 반면, "나는 서울( ) 산다."라는 문장의 빈칸에 무엇이 들어갈지 물으면, "에" 외에 다른 답을 말하는 이도 없다. 이런 모습을 보면, 우리는 한국어를 본능적으로 정확하게 구사하고 있다는 사실을 실감하게 된다.

그런데도 문법을 설명하라면 다들 말문이 막힌다. 왜일까? 맞는 말은 잘 하지만, 왜 맞는지는 잘 모르기 때문이다.

영어도 마찬가지다. 정확한 문법 지식이 없어도 일단 말해 보는 연습이 중요하다. "나는 서울에 산다." 대신 "나 서울 삼."이라 해도 의미는 통한다. 영어에서도 It is difficult to master English.라고 길게 말하지 않아도 English? Difficult.하면 기본적인 의사소통은 된다.

하지만 우리에겐 체면이라는 게 있다. 영어가 너무 허술하게 나오면 괜히 부끄럽다. I am not go.인지 I do not go.인지 헷갈리는 상황에서, Me? Go? No, no.만 말하고 끝내자니, 그간 쌓아온 사회적 위상에 금이 가는 것 같기도 하다. 그래서 많은 사람들이 영어를 두려워한다.

문법은 모양을 만드는 기술이지만, 말의 뼈대를 구성하는 기본이기도 하다. 그래서 이번 책은 영어 문법을 '공부'하는 책이라기보다는, 문장을 '입에 붙게' 연습하며 자연스럽게 원리를 익히도록 설계했다.

이 책은 초능력 시리즈 중 가장 쉽고, 가장 친절하다. 왕초보에게는 첫걸음이, 중급자에게는 기초 복습이 되어줄 것이다. 그리고 나는 안다. '영어 좀 한다'는 분들도 이 책을 몰래 훑어보게 될 거라는 걸.

끝으로 이 책을 함께 만들어 준 모든 분들께 감사의 마음을 보낸다.

How to

Step 1
실수 점검

학습에 들어가기 전, 내가 그동안 자주 틀렸던 문장이나 어색하게 사용했던 표현들을 먼저 점검해보세요. 이 단계는 앞으로 배울 문법 포인트들을 '나의 실수 경험'과 연결하는 시간입니다. "이건 꼭 다시 확인해야지!"하고 표시해두면, 훨씬 효과적인 학습이 됩니다.

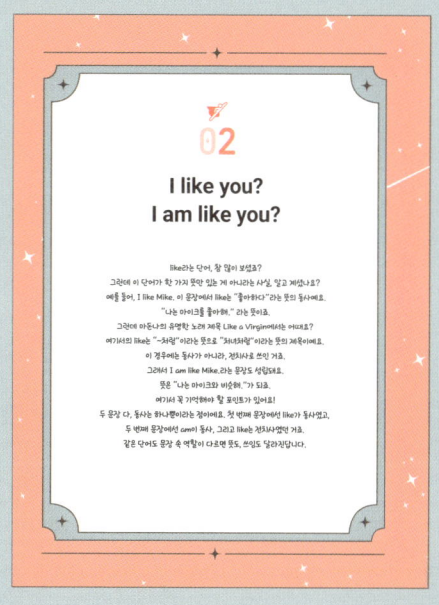

Step 2
초능력 원리
초능력 쌤의 문법 강의

이번에 학습할 문장 속 핵심 문법을 쉽게 풀어 설명해드립니다. 어려운 용어나 이론보다는 왜 이렇게 쓰는지, 어디에 쓰이는지에 집중했어요. 문법 개념을 충분히 이해하고 나서 훈련에 들어가면, 실수할 확률이 줄어듭니다.

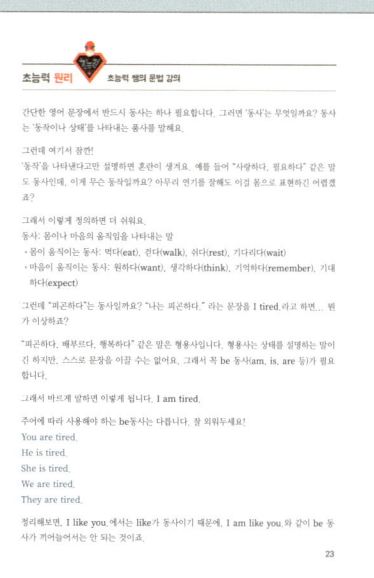

Step 3

초능력 연습
초능력을 기르게 해주는 문장 훈련

생활 속에서 바로 써먹을 수 있는 실용 문장으로 훈련해요. 발음이 어렵지 않도록 한글 발음 표기도 함께 제공했습니다. 같은 문장을 세 번씩 소리 내어 읽으며, 체크리스트에 표시해 보세요. 반복이 힘입니다!

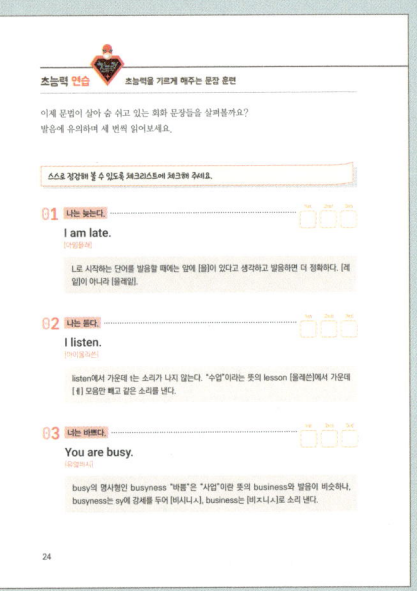

Step 4

초능력 적용
말 터지는 블록 훈련

이번에는 문장을 직접 써보고, 입으로 말해보는 훈련입니다. 짧은 문장들을 연결해 길고 자연스러운 문장으로 확장해 보세요. 영어 문장이 블록처럼 차곡차곡 쌓이는 경험을 하게 될 거예요.

Step 5
학습 일지

1. 오늘 배운 문법 포인트를 활용해 나만의 문장을 한 개 만들어 보세요. 가장 기억에 남는 문장을 써도 좋아요. 이 책을 모두 학습하고 나면, 적어도 핵심 문법 30개는 완전히 내 것이 됩니다.

2. 학습 마지막에는 오늘의 이해도를 스스로 평가해 보세요. 완벽히 이해했는지, 복습이 필요한지 여부를 색칠해 표시하고, 부족한 부분은 꼭 다시 복습해 주세요. 보라색으로 모두 채워지길 기대합니다!

 원어민 음원을 들으며 문장 훈련과 블록 훈련을 완성하세요!
(*홈페이지 www.pub365.co.kr에서 MP3 무료 다운로드)

Contents

01	I go? Me go?	14
02	I like you? I am like you?	22
03	I speak? He speak?	30
04	I come? I like?	38
05	I love she? She loves me?	46
06	I sing well? I sing good?	54
07	I isn't a Korean? I ain't a Korean?	62
08	I don't know? He don't know?	70
09	I didn't okay? I wasn't okay?	78
10	Do you tired? Are you tired?	86
11	Did you wanted it? Did you want it?	94
12	What you do eat? What do you eat?	102
13	Where was you gonig? Where were you going?	110
14	They slept long? They sleeped long?	118
15	She is walk fast? She is walking fast?	126
16	I am studying yesterday? I was studying yesterday?	134

17	I will play football? I will played football?	142
18	I can come soon? I can coming soon?	150
19	I should study English? I should to study English?	158
20	Have you ever gone to Paris? Have you ever been to Paris?	166
21	I wait here for 1 hour? I have waited here for 1 hour?	174
22	I want love you? I want to love you?	182
23	I enjoy swim now? I enjoy swimming now?	190
24	I think you cute? I think you are cute?	198
25	There is people? There are people?	206
26	Dinner was served? Dinner was serving?	214
27	I wasn't bored? I was didn't bored?	222
28	I am good and kind? I am good, and I am kind?	230
29	I'm popular because I am cool? I'm popular. Because I am cool?	238
30	I focus the project? I focus on the project?	246

초능력 적용 정답 254

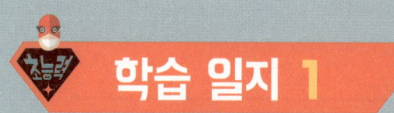

학습 일지 1

✦ 학습을 마치고 학습한 날짜를 체크해 보고 기억에 남는 문장도 적어보세요.

학습 내용	학습 날짜
01	월 일
02	월 일
03	월 일
04	월 일
05	월 일
06	월 일
07	월 일
08	월 일
09	월 일
10	월 일
11	월 일
12	월 일
13	월 일
14	월 일
15	월 일

학습 내용	학습 날짜
16	월 일
17	월 일
18	월 일
19	월 일
20	월 일
21	월 일
22	월 일
23	월 일
24	월 일
25	월 일
26	월 일
27	월 일
28	월 일
29	월 일
30	월 일

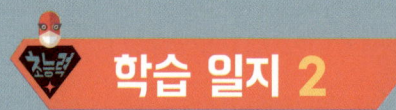

학습 일지 2

✦ 확실하게 기억에 남았다면 학습 성과 페이지 학습 번호에 색칠해 주세요.

01
02 03 04 05
06 07 08 09 10
11 12

01

I go?
Me go?

한 번쯤 이런 실수 해보셨을까요?
우리말에서는 주어가 그렇게 중요하지 않죠.
초등학교때 일기에 "나는"을 많이 썼다고 선생님에게 혼나본 적이 있기도 합니다.
실제로 영어 대화에서는 "나"와 "너" 만 알아도 큰 무리는 없답니다.
하지만 우리말에는 없는 He와 She 때문에,
헷갈린 나머지 성별을 바꾸어 말하는 실수를 하지 않으려면,
주어의 체계를 알아두는 것이 좋겠죠?
그래도 가장 중요한 건 "주어"임에는 틀림없습니다.
그럼 이제 Me go.가 왜 안되는지 살펴보도록 할까요?

초능력 원리 — 초능력 쌤의 문법 강의

문장에는 주인공이 있어요. 바로 '주어'입니다. 우리말에서 주어는 보통 "은, 는, 이, 가" 같은 조사와 함께 나옵니다.

예를 들어,
나는 천재다. → 주어는 "나"
네가 멋있어 보인다. → 주어는 "너"
부지런한 하루를 살고 있는 나의 동생의 친구는 미혼이다. → 주어는 바로 "친구"

주어는 문장의 주인공 역할을 합니다. 때로는 문장 앞에 똑 떨어져 나오고, 어떤 때는 복잡한 수식어 속에 숨어 있기도 하죠. 그럼 영어 문장에서 주어로 쓰이는 인칭대명사들을 소개할게요.

I	나	말하는 사람 본인입니다. 세상에 단 하나뿐인 존재.
You	너	지금 말하고 있는 상대방이에요. 누구든 될 수 있어요.
He	그	대화 현장에 없는 남자 한 사람을 가리킬 때 써요.
She	그녀	대화 현장에 없는 여자 한 사람을 가리킬 때 써요.
It	그것	동물, 사물, 개념 등 사람이 아닌 모든 것에 쓰여요.
We	우리	"나"가 속한 사람들. 나+너, 나+그들 모두 가능.
You	너희	"너"가 속한 사람들. 너+그녀, 너+친구들 모두 가능.
They	그들	"나"도 "너"도 아닌, 다른 사람들 또는 사물들입니다.

이제 간단한 연습 문제로 확인해볼까요? 다음 문장을 영어로 바꿔 보세요.

1. 너는 간다.   2. 그녀는 마신다.   3. 그들은 온다.
4. 그것은 움직인다.   5. 너희는 공부한다.   6. 우리는 먹는다.
7. 나는 씻는다.

정답률이 어떠셨나요? 틀려도 괜찮습니다. 이제부터 하나씩 익혀가면 됩니다.

정답 1. You go. 2. She drinks. 3. They come. 4. It moves. 5. You study. 6. We eat. 7. I wash.

초능력 연습 — 초능력을 기르게 해주는 문장 훈련

이제 문법이 살아 숨 쉬고 있는 회화 문장들을 살펴볼까요?
발음에 유의하며 세 번씩 읽어보세요.

> 스스로 점검해 볼 수 있도록 체크리스트에 체크해 주세요.

01 나는 마신다.
I drink.
[아이드링크]

1st ☐ 2nd ☐ 3rd ☐

> drink를 발음할 때 d가 한글의 [ㄷ] 보다는 [ㅈ]에 가깝게 발음한다. "~동안"인 during 또한 [듀어링] 보다는 [쥬링]에 가깝게!

02 너는 마신다.
You drink.
[유드링크]

1st ☐ 2nd ☐ 3rd ☐

> drink는 단어 자체로 "술"을 뜻하기도 한다. 그래서 Let's drink.하면 "술 마시러 가자."라는 표현이 된다.

03 그녀는 마신다.
She drinks.
[쉬드링ㅅ]

1st ☐ 2nd ☐ 3rd ☐

> drinks 다음엔 목적어가 올 수 있지만 꼭 필요하진 않다.
> **ex** She drinks coffee. 그녀는 커피를 마신다.
> She drinks alone. 그녀는 혼자 마신다. (목적어 없이 부사만 쓰인 경우)

04 그는 마신다. 1st 2nd 3rd

He drinks.
[히드륑ㅅ]

drink like a fish라는 표현은 "물고기처럼 마신다"가 아니라 "술을 엄청 마시다, 술고래다" 라는 뜻이다.

05 너희들은 마신다. 1st 2nd 3rd

You drink.
[유드륑크]

you라는 단어는 단수도 가능하고 복수도 가능하다. 따라서 "너"라는 뜻과 "너희들"이라는 뜻을 가지고 있다.

06 우리는 마신다. 1st 2nd 3rd

We drink.
[위드륑크]

we는 "우리"라는 뜻으로 주격은 we, 소유격은 our, 목적격은 us이다.
ex It's our drink. 그거 우리 음료야.
He called us to drink. 그는 마시자고 우리를 불렀다.

07 그들은 마신다. 1st 2nd 3rd

They drink.
[th데이드륑크]

th 발음을 할 때는 윗니 아랫니로 혀 끝을 살짝 문 다음 혀를 뒤로 빼며 [ㄸ]와 [ㅆ] 사이를 소리 낸다고 생각하며 발음한다.

08 영수는 마신다.

Young-Soo drinks.
[영수드륑ㅅ]

"영수"는 한글 이름이니까 그냥 영수라고 하자. 영어로 말한다고 [여엉쑤]라고 할 필요까지는 없다. "서울"도 [쏘우울] 노노!

09 내 여동생은 마신다.

My sister drinks.
[마이씨스떨드륑ㅅ]

sister은 여동생도 되지만 언니를 지칭할 때도 쓰인다. 좀더 정확하게 짚고 싶으면 "여동생"은 younger sister, "언니"는 older sister라고 하면 된다.

10 사람들은 마신다.

People drink.
[피쁠드륑ㅋ]

people은 "사람들"이라는 뜻으로 person의 복수형이다. 단, people이 앞에 the가 붙어 하나의 민족을 뜻할 땐 단수가 된다.

11 너의 친구는 마신다.

Your friend drinks.
[유얼f프렌드드륑ㅅ]

friend의 [f]를 발음할 때에는 윗니를 아랫입술 안쪽에 토끼 이빨처럼 얹어서 말한다. [v]는 토끼 이빨 상태에서 입을 옆으로 찢어서 소리 낸다.

12 그와 나는 마신다.

He and I drink.
[히에나이드륑ㅋ]

and로 묶여 있는 그+나 = 총 두 명이기 때문에 복수! 그래서 He 한 명은 3인칭 단수지만, I가 포함되어 -s를 붙이지 않는다.

13 너와 나는 마신다.

You and I drink.
[유에나이드륑ㅋ]

drink는 "마신다"라는 동사지만, 어떤 문맥상 drink하면 "술" 또는 "술을 마신다"는 의미가 되기도 한다.

14 너와 그녀는 마신다.

You and she drink.
[유엔쉬드륑ㅋ]

drink가 술을 마신다는 의미도 있다고 했는데, drink and drive하면 우리나라 말로 "음주운전"이라는 뜻이 된다.

15 우리 가족은 마신다.

My family drinks.
[마이f페미올리드륑ㅅ]

family는 단수도 되고 복수도 된다. 집합체(가구, 세대)로 이야기할 때는 단수, 가족 구성원을 의미할 때는 복수로 쓰인다.

초능력 적용 말 터지는 블록 훈련

지금까지 이해한 문장들을 내 입에 착 붙도록 블록 훈련을 해보겠습니다.
기억해두고 싶은 문장이 있다면 체크해 두었다가, 모아서 길게 말하는 훈련을 해보세요!

우리말 문장을 영어로 바꿔 적어보고, 소리 내어 읽어 보세요.

01 일
일하다 work

- 나는 일한다.
- 너는 일한다.
- 그녀는 일한다.
- 우리는 일한다.

02 춤
춤추다 dance

- 그는 춤춘다.
- 지민이는 춤춘다.
- 내 친구는 춤춘다.
- 그들은 춤춘다.
- 사람들은 춤춘다.

03 집
머물다 stay

- 나는 머문다.
- 나의 여동생은 머문다.
- 그녀는 머문다.
- 우리는 머문다.
- 우리 가족은 머문다.

04 수다
이야기하다 talk

너는 이야기한다.

그녀는 이야기한다.

너와 그녀는 이야기한다.

사람들은 이야기한다.

05 가다
가다 go

나는 간다.

나의 남동생은 간다.

그는 간다.

그와 나는 간다.

우리는 간다.

06 답장
답장하다 reply

영수는 답장한다.

그는 답장한다.

나는 답장한다.

그와 나는 답장한다.

우리는 답장한다.

07 휴가
떠나다 leave

나는 떠난다.

너는 떠난다.

그는 떠난다.

우리 가족은 떠난다.

02

I like you?
I am like you?

like라는 단어, 참 많이 보셨죠?
그런데 이 단어가 한 가지 뜻만 있는 게 아니라는 사실, 알고 계셨나요?
예를 들어, I like Mike. 이 문장에서 like는 "좋아하다"라는 뜻의 동사예요.
"나는 마이크를 좋아해." 라는 뜻이죠.
그런데 마돈나의 유명한 노래 제목 Like a Virgin에서는 어때요?
여기서의 like는 "~처럼"이라는 뜻으로
"처녀처럼"이라는 뜻의 제목이에요.
이 경우에는 동사가 아니라, 전치사로 쓰인 거죠.
그래서 I am like Mike.라는 문장도 성립돼요.
뜻은 "나는 마이크와 비슷해."가 되죠.
여기서 꼭 기억해야 할 포인트가 있어요!
두 문장 다, 동사는 하나뿐이라는 점이에요.
첫 번째 문장에서 like가 동사였고,
두 번째 문장에서 am이 동사, 그리고 like는 전치사였던 거죠.
같은 단어도 문장 속 역할이 다르면 뜻도, 쓰임도 달라진답니다.

초능력 원리 — 초능력 쌤의 문법 강의

간단한 영어 문장에서 반드시 동사는 하나 필요합니다. 그러면 '동사'는 무엇일까요? 동사는 '동작이나 상태'를 나타내는 품사를 말해요.

그런데 여기서 잠깐!
'동작'을 나타낸다고만 설명하면 혼란이 생겨요. 예를 들어 "사랑하다, 필요하다" 같은 말도 동사인데, 이게 무슨 동작일까요? 아무리 연기를 잘해도 이걸 몸으로 표현하긴 어렵겠죠?

그래서 이렇게 정의하면 더 쉬워요.
동사: 몸이나 마음의 움직임을 나타내는 말
- 몸이 움직이는 동사: 먹다(eat), 걷다(walk), 쉬다(rest), 기다리다(wait)
- 마음이 움직이는 동사: 원하다(want), 생각하다(think), 기억하다(remember), 기대하다(expect)

그런데 "피곤하다"는 동사일까요? "나는 피곤하다." 라는 문장을 I tired.라고 하면… 뭔가 이상하죠?

"피곤하다, 배부르다, 행복하다" 같은 말은 형용사입니다. 형용사는 상태를 설명하는 말이긴 하지만, 스스로 문장을 이끌 수는 없어요. 그래서 꼭 be 동사(am, is, are 등)가 필요합니다.

그래서 바르게 말하면 이렇게 됩니다. I am tired.

주어에 따라 사용해야 하는 be동사는 다릅니다. 잘 외워두세요!
You are tired.
He is tired.
She is tired.
We are tired.
They are tired.

정리해보면, I like you.에서는 like가 동사이기 때문에, I am like you.와 같이 be 동사가 끼어들어서는 안 되는 것이죠.

초능력 연습 — 초능력을 기르게 해주는 문장 훈련

이제 문법이 살아 숨 쉬고 있는 회화 문장들을 살펴볼까요?
발음에 유의하며 세 번씩 읽어보세요.

> 스스로 점검해 볼 수 있도록 체크리스트에 체크해 주세요.

01 나는 늦는다.
I am late.
[아임을레]

L로 시작하는 단어를 발음할 때에는 앞에 [을]이 있다고 생각하고 발음하면 더 정확하다. [레일]이 아니라 [을레일].

02 나는 듣다.
I listen.
[아이을리쓴]

listen에서 가운데 t는 소리가 나지 않는다. "수업"이라는 뜻의 lesson [을레쓴]에서 가운데 [ㅔ] 모음만 빼고 같은 소리를 낸다.

03 너는 바쁘다.
You are busy.
[유얼비시]

busy의 명사형인 busyness "바쁨"은 "사업"이란 뜻의 business와 발음이 비슷하나, busyness는 sy에 강세를 두어 [비시니스], business는 [비즈니시]로 소리 낸다.

04 너는 온다. ······································· 1st 2nd 3rd

You come.
[유 컴]

영화 개봉 예정을 알릴 때 자주 쓰이는 coming soon이라는 표현은 come 동사에서 나온 것으로, "곧 나옴"이라는 뜻이다. 우리는 "개봉 박두"라는 뜻으로 익숙하다.

05 그녀는 예쁘다. ······································· 1st 2nd 3rd

She is pretty.
[쉬이ㅅ프뤼리]

pretty에서 tt는 발음하지 않는다. 우리나라에서 '프리티'라고 표기하는데, 영어에서는 tt를 [r]소리로 바꿔 발음한다.

06 그녀는 부른다. ······································· 1st 2nd 3rd

She sings.
[쉬씽ㅅ]

sing a song하면 "노래를 부르다". sing에 -er을 붙이면 "~하는 사람"이라는 뜻이 생겨서, singer "가수"가 된다.

07 그는 크다. ······································· 1st 2nd 3rd

He is tall.
[히이ㅅ터올]

tall은 높이가 크다는 뜻으로 사람의 키를 말할 때 쓰인다. 옆으로 큰 경우에는 big을 쓰면 된다.

초능력 연습 — 초능력을 기르게 해주는 문장 훈련

08 그는 걷다.　　　　　　　　　　　1st　2nd　3rd

He walks.
[히웤스]

walk의 k는 있지만 없는 듯 소리 낸다. 3인칭 단수로 뒤에 -s가 붙으면, [s]만 들리도록 발음하자. 같은 발음 패턴으로는 talk "말하다"가 있다.

---

09 우리는 행복하다.　　　　　　　　1st　2nd　3rd

We are happy.
[위얼해삐]

happy는 "행복한"이라는 형용사, 명사형은 happiness "행복"이다. 동화에서 보면 항상 맨 마지막에 happily ever after라고 하는데 이는 "행복하게 오래오래"라는 뜻이다.

---

10 우리는 일어난다.　　　　　　　　1st　2nd　3rd

We get up.
[위게럽]

get up은 자고 나서 이불을 박차고 일어나는 동작이고, 잠에서 눈만 번뜩 깨면 wake up이라는 표현을 사용한다.

---

11 그들은 화가 난다.　　　　　　　　1st　2nd　3rd

They are angry.
[th데이얼엥그뤼]

angry과 비슷한 단어로는 upset, mad 등이 있다. 이 단어들은 앞에 상태를 강조해주는 get과 함께 쓰이는 경우가 많다.
ex I got angry. 나는 화가 났다.

12 그들은 만난다.

They meet.
[th데이밑]

meet은 "만나다"라는 뜻으로 Nice to meet you.하면 처음 보는 사람에게 "만나서 반가워요."라는 인사이고, 두 번 이상 본 사람에게는 Nice to see you.라고 한다.

13 너와 나는 좋다(괜찮다).

You and I are fine.
[유에나이얼f파인]

fine은 "좋은, 훌륭한"이라는 뜻도 있지만, 동사로 "~에게 벌금을 과하다"라는 뜻으로도 많이 사용된다.
ex The police fined me $100 dollars. 경찰관은 나에게 100달러의 벌금을 부과했다.

14 너와 그는 잔다.

You and he sleep.
[유엔히슬리잎]

sleep은 "잠을 자다"라는 뜻으로 내가 스스로 이불 속에 들어가서 잠을 자는 것이고, fall asleep은 너무 졸려서 스르르 잠이 드는 것을 말한다.

15 우리 반은 크다.

My class is big.
[마이클래ㅆ이ㅅ빅]

class는 집합명사인데, 그 뒤에 단수, 복수 형태의 동사가 모두 올 수 있다. 집합체 전체를 하나로 생각할 때는 단수로, 집합체 안의 구성원들을 생각할 때는 복수를 사용한다.
ex My class are big. 우리 반 개개인들은 크다.

초능력 적용 — 말 터지는 블록 훈련

지금까지 이해한 문장들을 내 입에 착 붙도록 블록 훈련을 해보겠습니다.
기억해두고 싶은 문장이 있다면 체크해 두었다가, 모아서 길게 말하는 훈련을 해보세요!

우리말 문장을 영어로 바꿔 적어보고, 소리 내어 읽어 보세요.

01 편의점

편의점 convenience store
근처 near

- 나는 그 편의점을 좋아한다.
- 그것은 우리 집 근처에 있다.
- 나는 그곳에 자주 간다.
- 그곳의 직원들은 매우 착하다.

02 친구

잘생긴 good-looking
일주일에 한 번 once a week

- 내 친구는 잘생겼다.
- 그는 바쁘다.
- 그래서 우리는 일주일에 한 번 만난다.
- 우리는 친하다.
- 우리는 서로 고민을 공유한다.

03 축구

즐거운 fun
연습하다 practice

- 축구게임은 즐겁다.
- 나의 친구와 나는 그것을 좋아한다.
- 하지만 그것은 어렵다.
- 나는 연습을 많이 한다.
- 나는 이것을 경기장에서 한다.

04 영화

정기적으로 regularly
시설 facility

나는 정기적으로 영화를 본다.

영화관은 크다.

그것의 시설들은 훌륭하다.

많은 사람들이 거기에 간다.

05 요리

노력 effort
재료 ingredient
식료품점 grocery store

요리는 많은 노력이 필요하다.

나는 미리 그것을 준비한다.

나는 식료품점에서 재료들을 산다.

이것은 간단하지 않다.

06 인터넷

검색하다 surf

나는 인터넷 검색을 한다.

나는 정보를 얻는다.

나는 이것을 하기 위해 내 컴퓨터를 이용한다.

이것은 매우 편리하다.

07 가족

형제자매 sibling

나는 우리 가족을 사랑한다.

내 형제자매들은 학생이다.

그래서 그들은 아침 일찍 일어난다.

그들은 공부를 열심히 한다.

03

I speak?
He speak?

간단한 퀴즈로 시작해 볼까요? 다음 중 틀린 문장은 몇 개일까요?
(1) She go there.
(2) They wants coffee.
(3) I studies every day.
(4) We opens on Monday.
(5) You move fast.

정답은 (5)번을 제외한 나머지 모두 틀렸습니다.
시험에서는 실력보다 시력이 더 좋아야 맞출 수 있다는 문제 중 하나랍니다.
틀린 이유는 모두 동사에 -s를 붙이는 규칙을 잘못 썼기 때문이에요.
사실 영어권 사람들 중에서도 이 규칙을 자주 실수하는 사람이 많습니다.
하지만 영문법의 기초를 정확히 이해하고 익혀두는 것,
그게 바로 영어 실력의 바탕이 됩니다.
기본기를 놓치지 않고 하나하나 점검해보세요.

초능력 원리 — 초능력 쌤의 문법 강의

영어는 왜 자꾸 -s를 붙일까요?
영어를 공부하다 보면 단어 끝에 자꾸 -s를 붙이라는 얘기, 짜증날 때도 있습니다.

cups, workers, numbers, parks처럼 명사에 -s를 붙여 복수형을 만드는 건 이해가 쉽습니다. 컵이 여러 개니까 cups, 일하는 사람이 많으니까 workers, 이해가 되죠. 그런데 갑자기 "주어가 3인칭 단수고, 동사가 현재 시제일 때는 동사에 -s를 붙여야 합니다."라고 하면, 뭔가 말은 그럴싸한데 도무지 와닿지 않습니다.

사실 영어는 예외도 많고, 역사도 복잡한 언어예요. 로마 시대부터 여러 민족과 문화권을 거치며 발전했고, 미국, 영국뿐 아니라 캐나다, 호주, 뉴질랜드 등 수많은 나라 사람들이 자기 방식대로 영어를 써 왔습니다. 그래서 지금의 영어는 규칙도 많고, 그만큼 예외도 많아요.

하지만 '3인칭 단수 현재형' 이건 꼭 알아야 해요!
예문을 보며 생각해 볼까요?
나는 말한다. → I talk.
그들은 말한다. → They talk.

그럼 "그녀는 말한다."는 영어로?
혹시 **She talk**라고 하셨나요? 아쉽지만, 틀렸습니다. **She**는 3인칭 단수입니다. 그리고 **talk**는 현재 시제 동사죠. 이 두 조건이 만나면, 동사에 -s를 붙여야 합니다. 그래서 정답은 She talks.

쉽게 보이지만, 말할 땐 자주 빠뜨리는 규칙.
이 규칙은 이해하기는 쉬운 편이라 시험에서 고르기는 어렵지 않죠. 하지만 직접 말하거나 문장을 쓸 땐 자주 빠뜨리게 됩니다. 우리말에는 그런 규칙이 없거든요. "나는 말해", "그는 말해"처럼 주어가 바뀌어도 동사 형태는 안 바뀌니까요. 그래서 이 규칙을 몸에 익히려면 반복밖에 없습니다. 익숙해질 때까지, 소리 내어 말하고 써보세요!

초능력 연습 — 초능력을 기르게 해주는 문장 훈련

이제 문법이 살아 숨 쉬고 있는 회화 문장들을 살펴볼까요?
발음에 유의하며 세 번씩 읽어보세요.

스스로 점검해 볼 수 있도록 체크리스트에 체크해 주세요.

01 나는 간다. ··· 1st 2nd 3rd

I go.
[아이고우]

go에서 o는 [오] 보단 [오우] 발음에 가깝게 소리 낸다. 뒤에 전치사 to가 붙으면 t 발음 빼고 소리 내자. [아이고우루]

02 그녀는 간다. ··· 1st 2nd 3rd

She goes.
[쉬고우스]

3인칭 단수로 -s를 붙일 때 마지막 알파벳이 모음이면 -es를 붙인다. goes는 "유령, 귀신"이라는 뜻의 ghost [고우스트]에서 뒤에 t가 없는 소리와 같다고 생각하자.

03 너는 본다. ··· 1st 2nd 3rd

You watch.
[유와치]

watch는 "보다, 시청하다"의 뜻으로 영화, TV를 볼 때 자주 쓰이는 동사다. watch-watched-watched 형태로 바뀐다.

04 그는 본다.

He watches.
[히와취ㅅ]

3인칭 동사가 -ch로 끝나는 경우 뒤에 -es를 붙여준다.
ex wash-washes 씻다, push-pushes 밀다, teach-teaches 가르치다

05 우리는 읽는다.

We read.
[위뤼이ㄷ]

read는 불규칙 동사 중 하나로 원형과 과거형, 과거분사형이 모두 read이지만 과거, 과거분사형을 발음할 땐 [우뤠드]로 red의 소리와 같다.

06 그는 읽는다.

He reads.
[히뤼이ㅅ]

read 단어가 쓰이는 표현 중, Read my lips.를 직역하면 "내 입술을 읽어라."이지만 "내 말 잘 들어."라는 뜻으로 쓰인다.

07 그들은 도착한다.

They arrive.
[th데이어롸이vㅂ]

arrive는 "도착하다"라는 뜻이고, 명사형 arrival "도착"은 공항에서 자주 쓰이는 단어다. 반대말인 "출발하다"는 depart, "출발"은 departure이다.

초능력 연습 초능력을 기르게 해주는 문장 훈련

08 그녀는 도착한다. ⸺⸺⸺⸺⸺⸺⸺⸺⸺⸺⸺⸺ 1st ☐ 2nd ☐ 3rd ☐

She arrives.
[쉬어라이v브ㅅ]

> [v]를 발음할 땐 윗니로 아랫입술을 살짝 깨문다는 느낌으로 발음한다. "~에 도착하다"라고 할 때는 전치사 at을 써준다.
> **ex** She arrives at the airport. 그녀는 공항에 도착한다.

09 나는 공부한다. ⸺⸺⸺⸺⸺⸺⸺⸺⸺⸺⸺⸺ 1st ☐ 2nd ☐ 3rd ☐

I study.
[아이스떠디]

> study는 "공부하다"라는 뜻도 있지만, 보통 "연구하다" 또는 "연구"의 뜻으로도 많이 쓰인다.
> **ex** Professor Kim studied the history of Korea. 김교수는 한국사를 연구했다.

10 그는 공부한다. ⸺⸺⸺⸺⸺⸺⸺⸺⸺⸺⸺⸺ 1st ☐ 2nd ☐ 3rd ☐

He studies.
[히스떠디ㅅ]

> 주어가 3인칭 단수이고 동사가 -y로 끝나면, y를 i로 바꾸고 -es를 붙여준다.
> **ex** try-tries 노력하다, worry-worries 걱정하다

11 내 친구들은 부른다. ⸺⸺⸺⸺⸺⸺⸺⸺⸺⸺⸺ 1st ☐ 2nd ☐ 3rd ☐

My friends call.
[마이f프뤤ㅈ커얼]

> call은 "부르다, 전화하다, ~라고 여기다"라는 다양한 의미를 가지고 있다.
> **ex** He called 911. 그는 119를 불렀다. (*미국은 911, 한국은 119)

12 내 친구는 부른다. ·· □1st □2nd □3rd

My friend calls.
[마이f프렌ㄷ커얼ㅅ]

friend에 -ship을 붙이면 friendship "우정"이라는 뜻이 된다. scholar는 "학자, 교수"라는 뜻인데 -ship을 붙이면 scholarship "장학금"이 된다.

13 우리 반 아이들은 시도한다. ··· □1st □2nd □3rd

My class try.
[마이클래ㅆ츠롸이]

try를 발음할 때는 [ㅌ]와 [ㅊ] 사이의 자음을 발음한다는 느낌으로 소리 낸다. try on하면 "옷을 입어보다"라는 뜻이 된다.

14 우리 반은 시도한다. ·· □1st □2nd □3rd

My class tries.
[마이클래ㅆ츠롸이ㅅ]

class와 같은 집합명사는 복수와 단수 모두 사용 가능하다. 뒤에 있는 동사에 -s가 붙었는지 여부로 뜻을 유추할 수 있다.

15 아이들은 운다. ··· □1st □2nd □3rd

Children cry.
[칠ㄷ뤈크롸이]

children은 "아이들"이라는 뜻으로 child "아이 한 명"의 복수형이다. 보통 복수형은 단어 끝에 -s를 붙이면 되는데, 이 단어는 예외다.

ex mouse 쥐 - mice 쥐들, foot 발 - feet 발들

초능력 적용 — 말 터지는 블록 훈련

지금까지 이해한 문장들을 내 입에 착 붙도록 블록 훈련을 해보겠습니다.
기억해두고 싶은 문장이 있다면 체크해 두었다가, 모아서 길게 말하는 훈련을 해보세요!

우리말 문장을 영어로 바꿔 적어보고, 소리 내어 읽어 보세요.

01 영어수업
수업을 듣다 take a class

- 나의 영어수업은 오후 4시에 시작한다. _____
- 나의 친구와 나는 그 수업을 듣는다. _____
- 우리는 일주일에 3번 그 수업에 간다. _____
- 이 수업은 쉽다. _____

02 책
읽다 read

- 나는 많은 책을 가지고 있다. _____
- 나의 여동생은 그것들을 읽는다. _____
- 그것은 그녀를 많이 돕는다. _____
- 우리 엄마는 그것을 좋아한다. _____

03 일
~를 피곤하게 하다 keep 목적어 tired

- 나의 남편은 일한다. _____
- 그는 그곳에 오전 9시에 도착한다. _____
- 그는 먼저 그의 이메일들을 확인한다. _____
- 그는 일 때문에 피곤하다. _____

04 대중교통

운행하다 run

많은 사람들이 대중교통을 이용한다.

그것은 저렴하다.

나는 보통 24번 버스를 탄다.

그것은 매 5분마다 운행된다.

05 수영

고맙다 appreciate

존은 수영을 정말 잘한다.

그는 매우 강하다.

그는 항상 수영시합에서 이긴다.

그는 나에게 수영을 가르쳐준다.

나는 그것이 고맙다.

06 인터넷

함유하다 have

커피는 카페인을 함유하고 있다.

나는 매일 그것을 마신다.

우리 엄마도 매일 그것을 마신다.

우리는 커피를 정말 좋아한다.

07 추석

모이다 gather
용돈 pocket money

온 가족이 모인다.

우리 아빠는 운전을 한다.

우리는 이야기를 많이 한다.

나와 내 남동생은 용돈을 받는다.

04

I come?
I like?

자동사와 타동사 이야기를 꺼낼 때마다
저는 지난 15년 넘게 가르쳐온 대학생들이 떠오릅니다.
요즘 20대 청년들은 참 어려운 시대를 살아가고 있습니다.
이 고단한 현실이 그들의 책임은 아니지만,
한편으로는 점점 더 의존적인 모습도 보이곤 합니다.
중요한 결정을 스스로 내리지 못하고,
항상 부모님이나 인터넷의 조언을 기다리는 모습은
마치 '목적어 없이는 완전하지 못한 타동사' 같다는 생각이 들기도 합니다.
반면, 자동사는 어떨까요?
목적어 없이도 혼자 힘으로 완전한 문장을 이루는 동사입니다.
자동사는 스스로 의미가 충분한, 자립적인 동사입니다.

초능력 원리 — 초능력 쌤의 문법 강의

요즘 학생들을 보면, 부모님 없이는 뭔가를 결정하거나 해내는 일이 쉽지 않아 보일 때가 있습니다. 모든 걸 대신해주는 존재가 곁에 있다 보니, 혼자서는 완전해지기 어려운 거죠. 영어 동사들 중에도 그런 애들이 있습니다. '목적어' 없이는 말이 완성되지 않는 동사들, 바로 타동사입니다.

예를 들어 볼까요?
I love. → 뭔가 허전하죠?

I love you. I love coffee. 처럼 사랑하는 대상이 꼭 뒤에 따라와야 합니다.
"원하다", "필요하다", "가지다", "말하다" 같은 동사들은 항상 무엇을 원하고, 말하는지를 꼭 밝혀야 문장이 완성됩니다. 이런 동사들을 타동사라고 합니다.

I want coffee.			I need time.
I have a plan.			I tell the truth.

반대로, 혼자서도 말이 되는 동사들도 있습니다. 자동사라고 부르죠. 단 두 단어만으로도 문장이 완전합니다. 이 동사들은 굳이 목적어가 없어도 의미 전달에 문제가 없어요.

I go.			You wait.			They arrive.
He lives.		It happens.

자동사도 목적어를 가질 수 있을까? 네, 전치사를 사이에 끼우면 가능합니다. 자동사는 목적어를 직접 받을 수는 없지만, 전치사를 통해 다른 말들과 연결될 수 있어요.

I go to Seoul.		I wait for the bus.		It happens to me.

재미있는 건, 어떤 동사는 자동사로도, 타동사로도 쓰일 수 있다는 점입니다. 이런 동사들은 쓰임이 유연해서 우리 입장에선 오히려 배우기 편하죠.
I eat. (자동사) vs. I eat breakfast. (타동사)
I think. (자동사) vs. I think of you. (전치사 포함)

이처럼 영어에서는 동사 하나에도 여러 가지 분류와 규칙이 있습니다. 우리말처럼 '하다' 하나로 통하는 언어와는 참 다르죠. 하지만 이 구분을 이해하면, 영어 문장의 구조가 더 선명하게 보이기 시작할 거예요.

초능력 연습   초능력을 기르게 해주는 문장 훈련

이제 문법이 살아 숨 쉬고 있는 회화 문장들을 살펴볼까요?
발음에 유의하며 세 번씩 읽어보세요.

> 스스로 점검해 볼 수 있도록 체크리스트에 체크해 주세요.

01 나는 간다. ··· 1st 2nd 3rd

I go.
[아이고우]

> go는 가장 기본적인 동사이자 불규칙 동사로 과거형은 went, 과거분사형은 gone으로 쓰인다.

02 나는 커피를 좋아한다. ··· 1st 2nd 3rd

I like coffee.
[아이을라익커f피]

> like는 "좋아하다, 선호하다"라는 뜻으로 뒤에 to 부정사와 함께 자주 쓰인다.
> **ex** I like to dance. 춤추는 것을 좋아한다.

03 너는 잔다. ·· 1st 2nd 3rd

You sleep.
[유슬리잎]

> sleep은 불규칙 동사 중 하나로 sleep-slept-slept로 변한다. sleep은 "잠자다", go to bed는 "잠자리에 들다"는 뜻이다.

04 너는 음악을 좋아한다.

You love music.
[유 을럽v뮤식]

love는 사람뿐 아니라 사물을 대상으로 취하며, "사랑한다"라는 원래의 의미보다 요즘에는 "좋아한다" 정도의 뉘앙스로도 많이 쓰인다.

05 그는 이야기한다.

He talks.
[히 턱ㅅ]

talk은 "말하다, 이야기하다"라는 뜻으로 다른 누군가와 대화를 하는 경우에 쓰이는 동사이다. "~에게 말하다"는 talk to로 사용한다.
ex I talked to my sister. 나는 내 여동생에게 말했다.

06 그는 봄을 즐긴다.

He enjoys spring.
[히 인조이스프링]

enjoy는 "즐기다, 누리다"라는 뜻으로 enjoy bachelorhood 하면 "독신생활을 즐기다"가 되고, enjoy popularity는 "인기를 누리다"라는 뜻이 된다.

07 그녀는 달린다.

She runs.
[쉬 뤈ㅅ]

run은 "달리다"라는 뜻의 불규칙 동사로 동사원형과 과거분사형이 같다. run-ran-run. 이같은 동사로는 come-came-come, become-became-become이 있다.

초능력 연습 | 초능력을 기르게 해주는 문장 훈련

08 그녀는 돈이 있다. ·· 1st 2nd 3rd

She has money.
[쉬해ㅅ머니]

money는 셀 수 없다. 영어에서는 money를 세는 것이 아니라, 단위인 won이나 dollar를 세는 것이다. coffee 역시 셀 수 없어서 two cups of coffee라 한다.

09 그것은 발생한다. ··· 1st 2nd 3rd

It happens.
[잍해쁜ㅅ]

happen은 "발생하다"라는 뜻이다. 왠지 "발생되다"라고 수동태가 가능할 것 같지만, 자동사이기 때문에 안 된다. It is happened.는 틀린 문장이다.

10 무언가 있다. ··· 1st 2nd 3rd

It has something.
[잍해ㅅ썸th띵]

여기서 It은 해석하지 않는 게 자연스럽다. 직역은 "그것은 무엇을 가지고 있다."지만, 단순히 "뭔가 있어."라는 뜻으로 자주 쓰인다.

11 우리는 웃는다. ·· 1st 2nd 3rd

We smile.
[위스마이을]

smile에 -y를 붙이면 smiley "방긋거리는, 웃음기 있는"이라는 부사가 된다.
ex You have a smiley face. 너는 웃는 얼굴을 가지고 있다.

12 우리는 점심을 먹는다.

We eat lunch.
[위잍을런취]

breakfast는 "아침", lunch는 "점심", 합치면 brunch "브런치", dinner는 "저녁", 관사를 붙여 a dinner도 가능하다. dinner는 원래 "끼니"라고도 사용되어, a dinner 하면 "한 끼 식사"가 되기 때문이다.

13 그들은 앉는다.

They sit.
[th데이앁]

sit은 불규칙 동사 중 하나로 sit-sat-sat으로 변하고, Sit down!하면 "앉아!"라는 뜻으로 쓰인다. Take a sit! Have a sit!은 "앉으세요!"라는 뜻의 좀 더 정중한 표현이다.

14 그들은 차들을 가져온다.

They bring cars.
[th데이브륑칼ㅅ]

bring은 "가져오다, 가지고 다니다"라는 뜻도 있지만 "일으키다"라는 뜻도 있다. bring-brought-brought으로 변하는 불규칙 동사이다.

15 그 의자는 움직인다.

The chair moves.
[th더체얼무v브ㅅ]

chair이 man과 만나면 chairman. 이는 회의장에서 큰 의자에 앉은 중요한 사람을 뜻하는 것으로 "회장, 의장"이라는 뜻이 된다.

초능력 적용  말 터지는 블록 훈련

지금까지 이해한 문장들을 내 입에 착 붙도록 블록 훈련을 해보겠습니다.
기억해두고 싶은 문장이 있다면 체크해 두었다가, 모아서 길게 말하는 훈련을 해보세요!

우리말 문장을 영어로 바꿔 적어보고, 소리 내어 읽어 보세요.

01 아침 식사

거의 ~없는 rarely
~와 관련이 있다 have something to do with

- 나는 매일 아침 식사를 먹는다. _____
- 나는 토스트와 커피를 좋아한다. _____
- 나는 이것을 내가 직접 준비한다. _____
- 나는 거의 아침을 거르지 않는다. _____
- 이것은 내 건강과 관련이 있다. _____

02 미팅

매달 every month
발표하다 make a presentation

- 우리는 매달 미팅이 있다. _____
- 우리는 프로젝트들에 대해 논의한다. _____
- 모든 직원들이 그것에 참여한다. _____
- 나는 그 미팅에서 가끔 발표를 한다. _____
- 나는 열심히 노력을 한다. _____

03 계절

야외의 outdoor
소풍 가다 go on picnics

- 한국은 사계절이 있다. _____
- 나는 봄을 좋아한다. _____
- 나는 야외활동들을 즐긴다. _____
- 나와 내 친구는 소풍을 간다. _____
- 우리는 상쾌한 공기를 마신다. _____

04 날씨와 음식

매운 spicy
~맛이 나다 taste

나는 매운 음식을 좋아한다.

그러나 이런 추운 날씨에는 때때로 느끼한 음식을 원한다.

그러면 나는 치즈케이크를 먹는다.

그것은 정말 맛있다.

05 식당

걸어서 on foot

서울에 내가 가장 좋아하는 식당이 있다.

그것은 중식당이다.

그들은 맛있는 요리를 제공한다.

걸어서 20분 걸리는 거리에 있다.

우리 가족은 그곳에 자주 간다.

06 언니의 방

들어가다 enter

우리 언니의 방은 크다.

나는 그곳에 들어간다.

나는 많은 것들을 한다.

우리 언니와 나는 재미있는 게임을 한다.

우리는 같이 앉는다.

07 친구

친절하게 kindly

낸시는 수업에서 많은 질문을 한다.

선생님은 친절하게 답해준다.

나는 많이 배운다.

나는 그녀에게 고맙다.

05

I love she?
She loves me?

인칭대명사, 얼마나 알고 계신가요?
다음 괄호를 정확히 채울 수 있다면, 인칭대명사의 기본은 모두 익힌 셈입니다.

(1) 그녀를 (　　) (2) 그들은 (　　)
(3) 우리가 (　　) (4) 나를 (　　)
(5) 그것을 (　　) (6) 너희가 (　　)
(7) 그의 (　　) (8) 나의 (　　)
(9) 너를 (　　) (10) 그녀의 (　　)

어떠셨나요?
혹시 (7)번 이후부터 조금 헷갈리셨다면,
'소유격' 개념이 아직 익숙하지 않아서일 수 있어요.
그래서 이번 학습에서 소유격도 함께 정리해 볼게요.

정답 (1) her (2) they (3) we (4) me (5) it
(6) you (7) his (8) my (9) you (10) her

초능력 원리 초능력 쌤의 문법 강의

한국어나 일본어를 모국어로 쓰는 사람에게 영어가 어려운 이유는 다양합니다. 발음이나 언어적 성향도 있지만, 무엇보다 큰 장벽은 '어순'입니다. 한국어 문장은 보통 주어 → 목적어 → 동사 순서죠. 예를 들어, "나는 야구를 즐긴다." 그런데 영어는 다릅니다. 주어 → 동사 → 목적어 순서입니다. 같은 문장을 영어로 하면, I enjoy baseball. 바로 이 차이가 영어 학습의 핵심 포인트이자, 많은 혼란의 원인이 됩니다.

"나는 사랑해 너를"
이렇게 말하는 사람, 상상해 보셨나요? 아마 술에 취했거나, 애교 부리는 상황일 거예요. 하지만 영어에서는 이런 어순이 정석입니다. 동사 뒤에 목적어를 둔다는 규칙이 있기 때문이죠.

영어에서 목적어가 되는 인칭대명사는 다음과 같습니다.

인칭	주격 (은, 는, 이, 가)	목적격 (을, 를)	소유격 (~의)
I	I	me	my
You	you	you	your
He	he	him	his
She	she	her	her
It	it	it	its
We	we	us	our
You (복수)	you	you	your
They	they	them	their

주격과 목적격의 형태가 같은 경우는 you와 it 두 가지입니다. 또한 소유격 형태 중에서 her가 목적격과 동일합니다. 발음상 주의점으로는, us은 [우스]가 아닌 [어쓰], them은 강하게 [댐]으로 발음하면 욕처럼 들릴 수 있으니 조심해야 합니다. 부드럽게 [뎀]으로 발음하는 것이 좋습니다. 작은 발음 차이가 큰 오해로 이어질 수 있는 만큼, 의미뿐 아니라 발음까지 정확하게 익혀주세요.

초능력 연습 — 초능력을 기르게 해주는 문장 훈련

이제 문법이 살아 숨 쉬고 있는 회화 문장들을 살펴볼까요?
발음에 유의하며 세 번씩 읽어보세요.

스스로 점검해 볼 수 있도록 체크리스트에 체크해 주세요.

01 너는 나에게 말한다.
You tell me.
[유 테을미]

tell은 바로 다음에 목적어가 나오는데 "~을 말하다"뿐 아니라, 사람을 목적어로 두고 "~에게 말하다"라는 뜻으로도 쓰인다.

02 나는 네가 필요하다.
I need you.
[아이니쥬]

need는 목적어만 취하기도 하고, 〈need + 목적어 + to 부정사〉로 "…가 ~하기를 원하다, 요구하다"라는 뜻으로도 쓰인다.
ex I need you to sleep. 나는 네가 자기를 원한다.

03 우리는 그를 원한다.
We want him.
[위 원ㅌ힘]

want의 t는 세게 발음하지 않고 [ㅌ]의 혀를 차는 느낌으로만 살짝 나도록 소리 낸다. 뒤에 you가 온다면 want you, t와 y가 만나 [ㅊ] 소리가 되어 [원츄]가 된다.

04 그들은 그녀를 싫어한다.

They hate her.
[th데이해잍헐]

hate는 like와 반대되는 단어로, 발음할 때 [헤이트]가 아닌 [헤잍] 이렇게 빨리 소리 낸다. dislike 또한 like 앞에 부정어 dis-가 붙어 "싫어한다"는 뜻이 된다.

05 그녀가 우리를 부른다.

She calls us.
[쉬컬서ㅅ]

앞서 말했듯이 call은 "부르다, 전화하다"라는 뜻이 있는데, 여기서는 우리에게 한꺼번에 전화할 수 없으니 "부르다"라는 의미가 문맥상 적당하다.

06 나는 너를 믿는다.

I trust you.
[아이츠뤌슡유]

trust는 "믿다, 신뢰하다"라는 뜻으로, 같은 표현으로는 count on이 있다. believe도 "(강하게) 믿다"라는 뜻으로, "(사람)을 믿는다"는 의미로 쓰려면 believe in로 한다.

07 그는 그것들을 사용한다.

He uses them.
[히유즈ㅅth뎀]

them은 they의 목적격으로 "그들을, 그것들을"이란 뜻으로, 사람과 사물에 둘 다 사용 가능하다. 구분하려면 동사를 잘 확인하자.

ex I called them. 나는 그들을 불렀다.
I finished them. 나는 그것들을 끝냈다.

초능력 연습 — 초능력을 기르게 해주는 문장 훈련

08 너는 우유를 마신다.   1st 2nd 3rd

You drink milk.
[유드링ㅋ미윽]

milk는 발음할 때 [미역]으로, 미역국의 그 미역처럼 발음한다. k를 절대 세게 발음하지 않는다. 세게 발음하면 그날은 우유 사기 어려워진다.

09 나는 톰을 만진다.   1st 2nd 3rd

I touch Tom.
[아이터은ㅊ탐]

touch는 "만지다, 접촉하다"라는 뜻이며, 자주 쓰이는 숙어로 keep in touch가 있는데 "~와 연락하다"라는 뜻이다.

10 그녀는 너와 민수를 원한다.   1st 2nd 3rd

She wants you and Minsoo.
[쉬원ㅅ유엔민수]

want 뒤엔 바로 목적어가 올 수도 있지만, to 부정사와 함께 쓰이면 "~하기 원하다"라는 뜻으로 쓰인다.
ex I want to study English. 나는 영어 공부하기를 원한다.

11 아버지는 돈을 저금하신다.   1st 2nd 3rd

My father saves money.
[마이f파덜쎄이브vㅅ머니]

save는 돈과 함께 쓰일 때 "저금하다, 저축하다, 절약하다, 모으다" 등의 뜻으로 사용된다. 돈이랑 엮이지 않으면 "구하다"라는 뜻이다.
ex I saved her life. 나는 그녀의 생명을 구했다.

12 우리 강아지는 시끄럽다.

My dog makes noises.
[마이덕메잌ㅅ너이ㅈ]

make noises는 직역하면 "소리를 만들다", 그래서 "시끄럽다, 떠들다"라는 뜻으로 사용된다. noise는 "소음"이라는 명사인데, 형용사는 noisy "시끄러운"이다.

13 그것은 문제가 있다.

It has an issue.
[잍해ㅅ어니쓔]

issue는 problem, matter와 비슷한 뜻으로 사용된다. problem보단 덜 심각한 사항을 이야기할 때 쓰인다.

14 그 컴퓨터는 색이 있다.

The computer has a color.
[th더컴퓨럴해ㅅ어컬럴]

computer는 우리나라 말로는 [컴퓨터]라고 발음하지만, 영어에서는 t를 발음하지 않는다. [컴퓨럴]이라고 하는 것이 더 자연스럽다.

15 너와 나는 한 팀이다.

You and I have a team.
[유에나이햅v어티임]

직역하면 "너와 나는 한 팀을 가지고 있다."지만 "같은 팀이다, 함께하다"라는 의미이다. 간단하게 be동사만 사용하여, You and I are together.라고 해도 같은 의미가 된다.

초능력 적용 — 말 터지는 블록 훈련

지금까지 이해한 문장들을 내 입에 착 붙도록 블록 훈련을 해보겠습니다.
기억해두고 싶은 문장이 있다면 체크해 두었다가, 모아서 길게 말하는 훈련을 해보세요!

우리말 문장을 영어로 바꿔 적어보고, 소리 내어 읽어 보세요.

01 차

가장 좋아하는 favorite
신 sour

나는 차를 마신다.

이것은 나의 건강에 좋다.

나는 레몬차를 가장 좋아한다.

이것은 단맛과 신맛이 난다.

02 결혼

(정보를) 찾아보다
look up

나는 그녀와 결혼해서 행복하다.

나는 그녀를 사랑한다.

나는 결혼식을 계획한다.

나는 많은 정보를 찾는다.

정보를 얻는 것은 매우 중요하다.

03 외제차

기능 function
선호도 preference

비싼 차들은 좋은 기능을 갖고 있어 인기가 많다.

그러나 모든 사람들은 다른 선호도를 가지고 있다.

이것은 사람들마다 다르다.

04 절약

절약하다 save
습관 habit

브라이언과 나는 그 커피숍에서 만난다.

우리는 메뉴의 품목들을 본다.

우리는 싼 것을 주문한다.

돈은 중요하다. 그래서 우리는 절약한다.

이것은 좋은 습관이다.

05 아이스크림

맛 flavor

내 친구는 내 집에 올 것이다.

나는 그 친구를 위해 아이스크림을 살 것이다.

나는 포도맛을 좋아한다.

그녀는 딸기맛을 좋아한다.

06 버스

~에 타다 get on

나는 버스 운전사이다.

나의 버스는 바퀴, 조명 그리고 문이 있다.

많은 사람들이 내 버스에 탄다.

나는 안전하게 운전한다.

나는 교통 표지판을 읽는다.

07 자전거와 안전

~을 명심하다
keep ~ in mind

나는 자전거를 탄다.

나는 빠르게 간다.

이것은 편리하지만, 안전이 중요하다.

나는 조심한다.

나는 이것을 항상 명심한다.

06

I sing well?
I sing good?

'부사'라고 하면, 마트 과일 코너의 '사과'를 떠올리는 분도 있을지 모르겠지만,
영어에서 부사는 뜻을 풍부하게 해 주는 아주 중요한 품사입니다.
I work very hard. 짧은 문장이지만, 부사가 무려 두 개나 들어 있습니다.
hard: 동사 work를 꾸며주는 부사 "열심히"
very: 부사 hard를 꾸며주는 또 다른 부사 "매우"
영어에서는 부사가 동사뿐 아니라, 형용사, 다른 부사까지도 꾸며줄 수 있습니다.
그래서 부사는 문장에서 아주 바쁘게 일하는 친구예요.
그럼 '부사구'는 뭘까요?
부사는 꼭 단어 하나만 있는 건 아닙니다.
〈전치사 + 명사〉로 이루어진 덩어리도 부사처럼 쓰일 수 있어요.
이걸 부사구라고 합니다. 예를 들어, in the water (물속에서),
for you (너를 위해), on Monday (월요일에), with a smile (미소를 지으며).
이런 표현들은 보통 언제, 어디서, 어떻게, 왜 등의 정보를 더해주죠.

초능력 원리 — 초능력 쌤의 문법 강의

영어 문장에서 주어, 동사, 목적어는 가장 기본이 되는 구성 요소입니다. 마치 밥, 국, 김치처럼, 이 세 가지만으로도 의미 전달은 충분히 됩니다. 하지만 매일 밥, 국, 김치만 먹는다면 지루하겠죠? 문장도 마찬가지입니다. 이 세 가지 요소만으로는 문장이 너무 단조롭고 건조해질 수 있습니다.

A와 B의 대화를 보세요
A: 나 설거지했어.
B: 언제?
A: 어제.
B: 어디서?
A: 주방에서.
B: 어떻게?
A: 깨끗하게.

정보는 다 전달됐지만, 쓸데없이 많은 질문이 오갔죠. "나는 어제 주방에서 설거지를 깨끗하게 했어."라고 한 문장에 다 담을 수 있었던 말입니다. 이렇게 말하면 시간도 덜 걸리고 더 친절한 문장이 되죠. 이제 영어로 바꿔볼까요?

I washed the dishes cleanly in the kitchen yesterday.

I → 주어
washed → 동사
the dishes → 목적어
cleanly → 부사 (동사 washed를 꾸밉니다: '깨끗하게')
in the kitchen → 부사구 (장소)
yesterday → 부사 (시간)

이렇듯 부사나 부사구가 들어가면 문장이 훨씬 풍부하고 정확한 의미를 담을 수 있습니다. 이들은 마치 영양가 있는 요리 재료나 잘 어울리는 반찬처럼, 문장을 더 맛있게 만들어 줍니다. 단, 부사는 명사를 꾸미지 않습니다. 명사를 꾸미는 건 형용사의 역할이에요.

초능력 연습 — 초능력을 기르게 해주는 문장 훈련

이제 문법이 살아 숨 쉬고 있는 회화 문장들을 살펴볼까요?
발음에 유의하며 세 번씩 읽어보세요.

스스로 점검해 볼 수 있도록 체크리스트에 체크해 주세요.

01 나는 늦게 일어난다.

I get up late.
[아이게럽을레잍]

> get up은 "일어나다"라는 뜻이고, wake up은 "잠에서 깨다"라는 뜻이다. wake up "눈뜨고" → get up "일어나다"의 순으로 보면 된다.

02 나는 아침에 운동한다.

I exercise in the morning.
[아이엑썰싸이ㅅ인th더모올닝]

> exercise는 "운동" 또는 "운동하다"라는 뜻으로 work out이라는 숙어로 바꿔 사용할 수 있다. work out은 일상에서 "순조롭게 풀어지다, 일이 잘 진행되다"라는 뜻으로도 사용된다.

03 나는 종종 아침을 거른다.

I skip breakfast often.
[아이스낍브뤡f퍼슽오f픈]

> often은 "종종, 자주"라는 뜻으로 빈도부사 중 하나이다. 다른 빈도부사로는 always "항상", sometimes "가끔", rarely "거의 ~하지 않는", never "절대 하지 않는" 등이 있다.

04 나는 매일 버스를 탄다.

I take a bus every day.
[아이테이꺼버ㅅ에v브뤼데이]

〈take + 교통수단〉은 "~를 타다"라는 뜻으로, 교통수단에 taxi, train, subway를 사용할 수 있는데, subway는 관사 a 대신 the가 오는 게 더 자연스럽다.

05 나는 열심히 공부한다.

I study hard.
[아이스떠디할ㄷ]

hard는 형용사로는 "단단한, 딱딱한"의 뜻을 가지고 있는데, 부사일 때는 "열심히"라는 뜻으로 쓰인다.

06 나는 커피숍에서 사람들을 만난다.

I meet people in the coffee shop.
[아이밑피쁠인th더커f피셥]

발음할 때 coffee와 copy의 소리가 비슷하게 들릴 수 있다. copy는 [카삐], coffee는 [커f피]. f를 소리 낼 때 아랫입술을 살짝 물고 발음한다.

07 나는 내 사무실에서 일한다.

I work in my office.
[아이월낀마이어f피ㅅ]

work in은 "~에서 일하다"라는 뜻이고, work for 은 "~를 위해 일하다"는 뜻으로 뒤에 회사 이름 또는 상사 이름을 말한다.

ex I work for Samsung. 나는 삼성을 위해 일한다(삼성에서 근무한다).

초능력 연습 초능력을 기르게 해주는 문장 훈련

08 나는 주의 깊게 듣는다. ··· 1st 2nd 3rd

I listen carefully.
[아이을리쓴케어f푸을리]

listen의 t는 묵음으로 소리 내지 않으므로 [리쓴]으로 발음한다. carefully는 "주의 깊게"라는 뜻의 부사이며, -ly를 떼면 "주의 깊은"이라는 형용사가 된다.

09 나는 제 시간에 집에 온다. ··· 1st 2nd 3rd

I come home on time.
[아이컴홈언타임]

on time은 "시간을 어기지 않고, 정각에"라는 뜻의 부사이다. Be on time!하면 "시간 좀 지켜!"라는 의미가 된다. in time도 같은 뜻이다.

10 나는 너무 많이 마신다. ··· 1st 2nd 3rd

I drink too much.
[아이드륑투우머ㅊ]

much는 drink를 꾸며주는 부사로 사용되었다. much의 반대표현으로는 little이 있다.

11 나는 가끔 인터넷 검색을 한다. ··· 1st 2nd 3rd

I surf the Internet sometimes.
[아이썰f프th디이널넽썸타임ㅅ]

Internet의 t는 발음하지 않는다. [이널넷]의 [널]자가 [너]로 들릴 정도로 빨리 소리 낸다. [인터넷]하고 발음하면 외국인들이 모를지도!

12 나는 주말마다 내 자동차를 운전한다.

I drive my car on weekends.
[아이드롸입v마이칼온위껜ㅈ]

drive는 "운전하다"라는 뜻의 불규칙 동사로 drive-drove-driven으로 변한다.
ex He drove his father's car. 그는 아버지 차를 운전했다.

13 나는 내 방에서 요가를 한다.

I do yoga in my room.
[아이두요가인마이룸]

요가와 같은 경기가 아닌 운동을 할 때는 do를 동사로 쓰고, 테니스나 축구 같은 스포츠 운동을 할 때에는 play를 동사로 쓴다.
ex do pilates 필라테스를 하다, do aerobics 에어로빅을 하다
 play tennis 테니스를 치다, play soccer 축구를 하다

14 나는 여름마다 햇빛을 즐긴다.

I enjoy the sunshine every summer.
[아인조이th더썬샤인에v브뤼써멀]

sun(해) + shine(빛나다) = sunshine "햇빛"이 된다. sun(해) + set(지다) = sunset은 "일몰", sun(해) + rise(오르다) = sunrise는 "일출"이 된다.

15 나는 커피숍에서 그를 만난다.

I meet him at the coffee shop.
[아이밑힘옡th더커f피숖]

in the coffee shop에서 in은 커피숍 안에 들어가 있다는 느낌이 강하고, at the coffee shop은 특정 장소만을 언급하는 것으로, 커피숍 안에 있을 수도 있고, 테라스나 커피숍 앞처럼 밖에 있을 수도 있다.

초능력 적용   말 터지는 블록 훈련

지금까지 이해한 문장들을 내 입에 착 붙도록 블록 훈련을 해보겠습니다.
기억해두고 싶은 문장이 있다면 체크해 두었다가, 모아서 길게 말하는 훈련을 해보세요!

우리말 문장을 영어로 바꿔 적어보고, 소리 내어 읽어 보세요.

01 룸메이트

같이 살다
live together

- 그녀와 나는 같이 산다.
- 우리는 아침 일찍 일어난다.
- 우리 둘 다 바쁘다.
- 우리는 같은 장소에서 일한다.

02 조깅

유연한 flexible

- 나는 매일 조깅하러 간다.
- 이것은 많은 장점을 가지고 있다.
- 나는 빨라지고 내 몸은 유연해진다.
- 나는 이것을 그 공원에서 한다.

03 매니저

회의실
conference room

- 그 매니저는 회의실에 있다.
- 그는 자주 미팅에 참석한다.
- 그는 바쁘다.
- 그는 요즘 피곤해 보인다.

04 학교

계속 ~하다
keep ~ing

나는 학교에 정시에 도착한다.

나는 절대 늦지 않는다.

우리 선생님은 그것을 좋아한다.

그래서 나는 일찍 취침한다.

나는 그것을 계속한다.

05 쇼핑

주말마다
on weekends

우리 엄마와 나는 주말마다 쇼핑하러 간다.

우리는 점심 또한 백화점에서 먹는다.

그곳에는 많은 브랜드가 있다.

그 백화점의 제품들은 싸다.

06 기회

기회 opportunity

너는 매 주말마다 수업에 간다.

너는 공부를 정말 열심히 하기 때문에,

너는 미래에 많은 기회를 얻을 것이다.

그리고 너는 공부를 몇 시간 동안 한다.

계속 지금처럼 해.

07 무례함

형편없이 awfully

그는 형편없이 행동한다.

많은 사람들이 그를 싫어한다.

나는 그에게 매일 여러 번 말한다.

하지만 그는 바뀌지 않는다.

나는 그가 걱정된다.

07

I isn't Korean?
I ain't Korean?

영어에서는 be동사를 부정할 때, 줄임말(축약형)을 자주 사용합니다.
이 축약형은 말할 때나 글로 쓸 때 모두 자연스럽게 쓰입니다.

are not → aren't

is not → isn't

am not → amn't 일까요?

아쉽게도 amn't라는 표현은 없습니다.
대신 어떤 사람들은 ain't라는 줄임말을 씁니다. 하지만 주의할 점이 있습니다.
ain't는 문법적으로는 비표준 표현이며,
구어체·비격식·사투리 느낌이 강하게 납니다.
마치 외국인이 "안녕하세요"를 "안냐세요"라고 하면 어색하게 느껴지듯,
초보자가 ain't부터 쓰는 건 어딘가 어색하고 부자연스럽게 보일 수 있어요.
처음 영어를 배우는 단계에서 줄임말은 천천히 익히는 게 좋습니다.
어느 정도 익숙해지면, 이후에 상황에 맞춰 축약형이나 구어체 표현을
점차 익히면 됩니다. 너무 이른 시기에 자유롭게 쓰기 시작하면,
다른 문장은 어색하면서도 ain't만 완벽하게 말하는
이상한 밸런스가 생길 수 있습니다.

초능력 원리 — 초능력 쌤의 문법 강의

지금까지 배운 내용을 간단히 확인해 볼까요?
아래 문장들을 영어로 바꿔보세요.

1. 나는 친절하다.
2. 그것은 신선하다.
3. 그녀는 영리하다.
4. 그 소년은 게으르다.

모두 형용사를 서술어로 사용하는 문장입니다. 여기서 중요한 건 be 동사(am, is, are)를 주어에 맞게 정확히 썼는지입니다.

정답 1. I am kind. 2. It is fresh. 3. She is smart. 4. The boy is lazy.

이제 부정문으로 바꿔볼까요?
인생에 좋은 일만 있을 수는 없듯, 영어 문장도 가끔은 부정해야 할 때가 있습니다.

be동사의 부정은 아주 쉽습니다. 바로 그 뒤에 **not**만 붙이면 끝입니다.

I am happy. 나는 행복하다.	→	I am not happy. 나는 행복하지 않다.
You are full. 너는 배부르다.	→	You are not full. 너는 배부르지 않다.
He is late. 그는 늦는다.	→	He is not late. 그는 늦지 않는다.
It is easy. 그것은 쉽다.	→	It is not easy. 그것은 쉽지 않다.
We are fast. 우리는 빠르다.	→	We are not fast. 우리는 빠르지 않다.
They are famous. 그들은 유명하다.	→	They are not famous. 그들은 유명하지 않다.

그 어떤 복잡한 문법도 이만큼 쉬웠으면 좋겠죠? 하지만 영어에서도 쉬운 것부터 차근차근 익혀야 나중에 복잡한 문장도 여유롭게 소화할 수 있습니다.

초능력 연습 — 초능력을 기르게 해주는 문장 훈련

이제 문법이 살아 숨 쉬고 있는 회화 문장들을 살펴볼까요?
발음에 유의하며 세 번씩 읽어보세요.

> 스스로 점검해 볼 수 있도록 체크리스트에 체크해 주세요.

01 나는 학생이 아니다.
I am not a student.
[아임낱어스뜌런ㅌ]

> student에서 s뒤에 있는 t는 된소리로 세게 발음한다.
> **ex** stop [스땁] 멈추다, sport [스뽈ㅌ] 스포츠, ski [스끼] 스키, store [스또얼] 매장

02 너는 똑똑하지 않다.
You are not smart.
[유얼낱스말ㄸ]

> smart는 "똑똑한, 영리한"라는 뜻으로, 우리가 현재 쓰고 있는 스마트폰도 "지능형 단말기"라는 의미로 나온 단어이다.

03 그는 어린애가 아니다.
He is not a child.
[히이ㅅ낱어챠일ㄷ]

> child의 형용사는 childish "유치한, 어린애 같은"이라는 뜻이 된다. childlike는 "어린아이 같이 순수한"이라는 뜻으로 뉘앙스가 다르니 주의하자.

04 그녀는 게으르지 않다.

She is not lazy.
[쉬이ㅅ낱을레이시]

lazy는 "게으른"이라는 뜻으로, 비슷한 뜻으로 idle이 있고, [아이를]로 발음한다. 명사형은 laziness "게으름", 반대말은 "부지런한"이라는 뜻의 diligent가 있다.

05 그것은 길지 않다.

It is not long.
[이리ㅅ낱을롱]

long은 "긴", short는 "짧은". no longer은 "더 이상 ~하지 않는"이라는 숙어로 사용된다.
ex The card is no longer valid. 그 카드는 더 이상 유효하지 않다.

06 우리는 동물이 아니다.

We are not animals.
[위얼낱에너멀ㅅ]

animal은 동물 한 마리를 말하고 여기에 -s를 붙이면 동물들이 된다. 만약 "짐승"이라는 단어를 쓰고 싶다면 beast라고 하자. any more은 [애니모얼], animal은 [애너멀]로 발음한다.

07 당신들은 좋은 사람들이 아니다.

You are not good people.
[유얼낱굿피쁠]

good person이 아니라 good people로 복수형을 사용했기 때문에, 주어인 You도 "너"가 아닌 "너희들"로 해석한다.

초능력 연습 — 초능력을 기르게 해주는 문장 훈련

08 그것들은 깨끗하지 않다. □ 1st □ 2nd □ 3rd

They are not clean.
[th데이얼낱클리인]

clean은 "깨끗한"이라는 형용사도 되고, "깨끗하게 하다, 청소하다"라는 동사로도 사용한다. 동사로 쓰이면 뒤에 전치사 up이 붙는 경우가 많다.
ex She cleaned up my room. 그녀는 나의 방을 청소했다.

09 너와 나는 가깝지 않다. □ 1st □ 2nd □ 3rd

You and I are not close.
[유에나이얼낱클로우ㅅ]

close는 "(사이가) 가까운"이라는 형용사로 쓰였다. "닫다"라는 뜻의 동사로도 많이 사용된다.
ex Close the door. 문을 닫아라.

10 너와 데이빗은 조용하지 않다. □ 1st □ 2nd □ 3rd

You and David are not quiet.
[유엔데이v빗얼낱콰이엍]

quiet은 "조용한"이란 뜻의 형용사로, quite "꽤, 상당히"라는 부사와 스펠링이 헷갈릴 수 있으니 조심!
ex She was quite different from my friend. 그녀는 내 친구와 좀 달랐어.

11 이것은 사실이 아니다. □ 1st □ 2nd □ 3rd

This is not real.
[th디스이ㅅ낱뤼얼]

믿을 수 없거나 특정 사실이 진짜가 아니라고 주장할 때 자주 쓰이는 표현이다. 비슷하게 It can't be true.가 있다.

12 모두가 슬프지는 않다.

Everybody is not sad.
[에v브뤼바리이ㅅ낱쌔ㄷ]

every는 부분부정 어구 중의 하나로, not과 만나서 슬프지 않은 사람도 있다는 것을 의미한다. 슬픈 사람이 아무도 없을 때에는 Nobody is sad.라고 쓰면 된다.

13 그 건물은 높지 않다.

The building is not tall.
[th더비을딩이ㅅ낱털]

높이가 높고 낮음을 표현하는 형용사는 tall ↔ low, 키가 크고 작음을 이야기할 때에는 tall ↔ short을 사용한다.

14 그 승객들은 안전하지 않다.

The passengers are not safe.
[th더패씬절설낱쎄잎f]

not safe는 "안전하지 않은"이라는 뜻으로, 비슷한 표현으로는 in danger가 있다.
ex The passengers are in danger. 그 승객들은 위험에 처해있다.

15 그 컵들은 크지 않다.

The cups are not big.
[th더컾설낱빅]

cup은 "컵"이라는 뜻으로, 불가산명사인 액체를 한 잔, 두 잔 세고 싶을 때, 이 단어를 활용하여 two cups of tea, three cups of coffee로 표현할 수 있다.

초능력 적용 — 말 터지는 블록 훈련

지금까지 이해한 문장들을 내 입에 착 붙도록 블록 훈련을 해보겠습니다.
기억해두고 싶은 문장이 있다면 체크해 두었다가, 모아서 길게 말하는 훈련을 해보세요!

우리말 문장을 영어로 바꿔 적어보고, 소리 내어 읽어 보세요.

01 레스토랑
깨끗한 clean
친절한 kind

나는 지난주에 이탈리안 레스토랑에 갔다. _____

그 레스토랑은 깨끗하지 않았다. _____

그 웨이터들은 친절하지 않았다. _____

나는 거기에 다시 가지 않을 것이다. _____

02 소개팅
소개팅 a blind date
잘생긴 good-looking

나는 어제 소개팅을 했다. _____

그 남자는 키가 크지 않았다. _____

그리고 그는 잘생기지도 않았다. _____

나는 그를 다시 만나고 싶지 않다. _____

03 친구
같은 반 친구 classmate
정직한 honest

알렉스는 같은 반 친구였지만, _____

나는 그와 가깝지 않았다. _____

그는 정직하지 않았다. _____

그는 좋은 학생이 아니었다. _____

04 아침

아침형 인간 morning person

나는 아침형 인간이 아니다.

나는 항상 늦게 일어난다.

그래서 나는 아침에 시간이 없다.

나는 아침을 먹을 수 없다.

05 추위

외투 coat
당장 right now

오늘 너무 춥다.

나는 추운 날씨를 좋아하지 않는다.

내 외투는 따뜻하지가 않다.

나는 당장 집에 가고 싶다.

06 다이어트

날씬한 slim
살을 빼다 lose weight
포기하다 give up

나는 날씬하지 않다.

나는 살 뺄 필요가 있다.

그건 쉽지 않다.

하지만, 나는 포기하지 않을 것이다.

07 카메라

최근에 recently
신상의 brand-new
실용적인 practical

나는 최근에 카메라를 샀다.

그것은 비싸지 않았다.

그것은 신상 카메라는 아니지만,

실용적이다.

08

I don't know?
He don't know?

전 세계를 돌아다니다 보면, 표준 영어 문법에 어긋나는 문장을
실제로 많은 사람들이 사용한다는 사실에 놀라게 됩니다.
예를 들어, He doesn't know. 이게 교과서에 나오는 표준 문장이죠.
하지만 현실에서는 He don't know. 이렇게 말하는 사람들도 정말 많습니다.
심지어 아시아나 아프리카 같은 비영어권 국가 사람들뿐 아니라,
미국 내 다양한 민족과 지역 커뮤니티에서도 이 표현은 꽤 흔하게 들을 수 있습니다.
랩 가사나 힙합 문화에서는 거의 기본 표현처럼 사용되기도 하죠.
이쯤에서 한 가지 생각해볼 필요가 있습니다.
우리는 그동안 영어 문장을 보며 '맞다/틀리다', '정답/오답'의
시선으로 판단해 왔습니다. 하지만 언어는 시험 문제가 아니라
사람들이 실제로 쓰고, 살아 있는 표현 수단입니다. 표준 문법은 중요합니다.
특히 공식적인 상황이나 글쓰기, 시험에서는 반드시 지켜야 하죠.
하지만 그렇다고 해서 모든 비표준 표현이 무조건 틀렸다고만 볼 수는 없습니다.
그 표현이 어떤 문화권에서, 어떤 맥락에서, 어떤 정체성을 가진
사람들이 사용하고 있는지를 이해하는 태도도 필요합니다.

초능력 원리 — 초능력 쌤의 문법 강의

현재 시제에서 3인칭 단수 주어가 나오면 동사에 -s를 붙인다는 규칙을 배웠습니다. 이번에는 일반동사의 부정문 만드는 방법을 배웁니다. 다행히도 복잡하지는 않지만, 한 가지 주의할 점이 있습니다. 바로, 3인칭 단수 현재일 경우입니다.

주어가 I, you, we, they인 경우 → do not(don't) + 동사원형
주어가 he, she, it인 경우 → does not(doesn't) + 동사원형

단, does not(doesn't)를 쓸 땐, 동사에 -s를 붙이지 않습니다. 이미 does에 들어갔기 때문이에요.

아래 문장을 부정문으로 바꿔보세요

1. He goes there. 그는 거기에 간다.
2. They move slowly. 그들은 천천히 움직인다.
3. I get up early. 나는 일찍 일어난다.
4. It is empty. 그것은 비어 있다.
5. She works late. 그녀는 늦게 일한다.
6. My brother takes a bus. 내 남동생은 버스를 탄다.
7. The cars are expensive. 그 차들은 비싸다.

꼭 기억할 세 가지!

1 be 동사 문장은 not만 붙이면 된다.
   예) It is → It is not, They are → They are not
2 do not=don't, does not=doesn't는 서로 의미가 같으므로 자유롭게 사용해도 된다.
3 does not(doesn't) 다음에는 반드시 동사원형을 쓴다.
   예) He doesn't goes. (X)   He doesn't go. (O)

정답 1. He does not go there. 2. They do not move slowly. 3. I do not get up early.
     4. It is not empty. 5. She doesn't work late. 6. My brother doesn't take a bus.
     7. The cars are not expensive.

초능력 연습 초능력을 기르게 해주는 문장 훈련

이제 문법이 살아 숨 쉬고 있는 회화 문장들을 살펴볼까요?
발음에 유의하며 세 번씩 읽어보세요.

스스로 점검해 볼 수 있도록 체크리스트에 체크해 주세요.

01 나는 묻지 않는다.

I do not ask.
[아이두낱애스ㅋ]

ask는 "묻다, 요청하다"라는 뜻으로, 뒤에 어떤 전치사가 오느냐에 따라 형식이 달라진다. 〈ask for + 사람〉은 "~에게 요청하다", 〈ask + 명사 + of + 사람〉은 "~에게 …를 요구하다"라는 뜻이 된다.

02 너는 먹지 않는다.

You do not eat.
[유두낱이잍]

eat은 "먹다"라는 뜻의 불규칙 동사로 eat-ate-eaten로 변한다. 과거분사형의 eaten에서 t는 소리 내지 않고 [잍은]이라고 발음한다.

03 그는 영화를 좋아하지 않는다.

He does not like movies.
[히더ㅅ낱라잌무v비ㅅ]

일반동사에 부정문을 쓸 때는 do not을 사용하는데, 3인칭 단수가 주어일 땐 does not을 사용한다. 실수로 like에 -s를 붙이지 않도록 주의!

04 그녀는 노래하지 않는다.

1st 2nd 3rd

She does not sing.
[쉬더ㅅ낱씽]

does not은 doesn't로 줄여 쓸 수 있다 발음할 때는 [더즌], 마치 dozen과 비슷하다. dozen은 "다스"로 열 두개 묶음을 의미한다.

05 이것은 움직이지 않는다.

1st 2nd 3rd

It does not move.
[잍더ㅅ낱무ᵥ브]

move는 "움직이다"라는 뜻이지만, "이사하다, 옮기다"라는 뜻으로도 사용된다. 또한 be moved하면 "감동받다"라는 의미가 된다.

06 우리는 그것을 말하지 않는다.

1st 2nd 3rd

We do not say it.
[위두낱쎄이잍]

say는 s에 강세를 줘서 [쎄이]하고 세게 발음한다. Say it to my face.라는 표현은 "뒷담화 하지 말고 내 앞에서 말해!"라는 뜻이다.

07 너는 그것을 가지지 않는다.

1st 2nd 3rd

You do not keep it.
[유두낱킾잍]

keep은 "유지하다, 가지다, 계속하다" 등 다양한 뜻이 있다. 여기서는 "가지다"라는 뜻으로 쓰였으며, Keep it safe.하면 "안전하게 보관해줘."라는 뜻이 된다.

초능력 연습 — 초능력을 기르게 해주는 문장 훈련

08 그들은 보지 않는다.   1st 2nd 3rd

They do not see.
[th데이두낱씨]

"보다"라는 뜻으로 see, watch, look at 등이 있는데, see는 일부러 보지 않아도 보이는 것을 말하고, look at은 보려는 의도를 가지고 보는 것, 그리고 watch는 주의 깊게 시청할 때, 관찰할 때 쓰인다.

---

09 내 차는 빠르게 달리지 않는다.   1st 2nd 3rd

My car does not run fast.
[마이칼더ㅅ낱뤈f패스트]

fast는 형용사 "빠른"과 부사 "빠르게" 형태가 같다. 부사 형태로 보통 -ly를 붙여 주는데 fastly는 없는 단어다.

---

10 마이크와 제인은 사귀지 않는다.   1st 2nd 3rd

Mike and Jane do not go out.
[마익껜제인두낱고아웉]

go out은 "나가다"라는 뜻이지만, "사귀다, 데이트하다"라는 뜻으로도 많이 쓰인다.
ex Do you want to go out with me? 너 나랑 사귈래?

---

11 너는 집중하지 않는다.   1st 2nd 3rd

You do not focus.
[유두낱f포꺼ㅅ]

focus는 "집중하다, 초점을 맞추다"라는 뜻으로, 뒤에 전치가 on이 쓰이면 "~에 집중하다"라는 뜻이 된다.
ex I focus on the news. 나는 뉴스에 집중한다.

12 우리 학교는 열지 않는다.

My school does not open.
[마이스꿀더ㅅ낱오쁜]

open은 동사일 때는 "열다"라는 자동사이고, 형용사일 때는 be동사와 함께 쓰여 be open 으로 열려 있는 상태를 말한다.

13 그들의 부모님은 웃지 않는다.

Their parents do not smile.
[th데얼페뤈ㅊ두낱스마이을]

a parent는 부모님 중 한 명을, parent에 -s가 붙으면 부모님 두 명을 모두 가리킨다. 이와 비슷하게 clergy는 "성직자들"을 말하고, 성직자 한 명을 가리킬 때에는 a clergyman이라고 한다.

14 너의 선생님은 운전하지 않는다.

Your teacher does not drive.
[유얼티철더ㅅ낱드라이v]

drive는 "운전하다"라는 뜻이지만, 이 단어가 자주 쓰이는 표현 중 하나로 You drive me crazy!하면 "넌 나를 미치게 한다!"라는 뜻이다.

15 나의 고양이는 먹지 않는다.

My cat does not eat.
[마이캩더ㅅ낱잍]

cat이 먹을 때에는 eat, 우리가 cat에게 먹이를 줄 때에는 동사 feed를 사용한다.
ex I feed my cat milk. 나는 나의 고양이에게 우유를 먹인다.

초능력 적용 — 말 터지는 블록 훈련

지금까지 이해한 문장들을 내 입에 착 붙도록 블록 훈련을 해보겠습니다.
기억해두고 싶은 문장이 있다면 체크해 두었다가, 모아서 길게 말하는 훈련을 해보세요!

우리말 문장을 영어로 바꿔 적어보고, 소리 내어 읽어 보세요.

01 문의사항
묻다 ask

- 잭에게 물어보지 마.
- 그가 매니저도 아니고.
- 그는 잘 몰라.
- 조금 기다려줘.

02 졸업
졸업하다 graduate

- 나는 나의 학교를 졸업했다.
- 나는 더 이상 학생이 아니다.
- 나는 내 미래가 걱정된다.
- 왜냐하면 나는 직업이 없기 때문이다.

03 시험
건너뛰다 skip

- 이번 금요일에 기말고사가 있다.
- 나는 시험을 좋아하지 않는다.
- 이 과목은 쉽지 않다.
- 나는 시험을 건너뛰고 싶다.

04 자동차

하지만 however
비싼 expensive

나는 어제 자동차를 샀다.

그것은 크지 않다.

하지만 나는 그것이 정말 좋다.

나는 비싼 차가 필요하지 않다.

05 남자 친구

~에 관심이 있다
be interested in

너 남자 친구 있니?

나는 남자 친구가 없다.

나는 남자에게 관심이 없다.

나는 오직 내 일과 인생을 사랑한다.

06 요리

요리사 cook
최선을 다하다
do one's best

나는 좋은 요리사가 아니다.

내 요리는 맛이 없다.

그래서 내 남편은 그것을 좋아하지 않는다.

하지만 나는 최선을 다할 것이다.

07 수학

아무것 anything

나는 수학을 싫어한다.

나는 똑똑하지 않다.

그래서 저 질문들은 나에게 매우 어렵다.

나는 아무것도 이해가 안 된다.

09

I didn't okay?
I wasn't okay?

"나는 그것을 사용하지 않았어."
이 문장을 영어로 바꾸라는 질문에,
어떤 학습자가 이런 답들을 차례로 말했습니다.

I am use it.
I was not use it.
I don't use it.
I did not use it.

정답은 마지막 문장이죠. 마지막엔 제대로 말했지만,
그 전까지는 be동사와 일반동사를 혼동한 흔적이 보입니다.
be동사와 일반동사의 구분은 영어 기초 중에서도 가장 중요합니다.
처음엔 헷갈릴 수 있지만, 입으로 여러 번 말하고,
문장을 통째로 익히는 연습을 하면 점점 감이 잡히기 시작합니다.
이 책은 비록 왕기초를 위한 것이지만,
이 부분만큼은 정확히 이해하고 넘어가는 것이 무엇보다 중요합니다.
예문 하나하나를 통째로 외워본다는 마음으로 연습해 보세요.

초능력 원리 — 초능력 쌤의 문법 강의

영어에서는 모든 품사가 상황에 따라 모양이 달라질 수 있습니다. 명사는 단수냐 복수냐에 따라 바뀌고, 동사는 과거냐 현재냐 미래냐에 따라 형태가 달라집니다. 형용사나 부사도 비교급, 최상급 같은 방식으로 변하죠.

be동사는 현재 시제일 때는 am, is, are로 나뉘지만, 과거 시제에서는 두 가지로 단순하게 바뀝니다.

am / is의 과거형은 → was   are의 과거형은 → were

문제는 일반동사입니다. be동사처럼 딱 정해진 규칙만 있는 게 아니라, 동사마다 과거형이 다르기 때문이죠.

walk + -ed → walked   watch + -ed → watched

이런 걸 규칙 변화라고 합니다.

그런데 run처럼 뜻밖의 변화도 많습니다.

run의 과거형은 → ran   see의 과거형은 → saw

전혀 다른 형태로 바뀌죠. 이건 불규칙 변화입니다.

그래서 일반동사의 과거형은 일일이 외워야 하는 부분이 많고, 초보 학습자에게 가장 두통을 유발하는 영역일 수 있습니다. 하지만 너무 급하게 외우려 하지 마세요. 예문 속에서 자주 접하면서 자연스럽게 익히는 것이 훨씬 효과적입니다. 급할 것 없습니다. 천천히, 확실하게!

be동사일 경우, 부정문 만드는 방법은 아주 간단합니다. was나 were 뒤에 not만 붙이면 됩니다.

예 He was tired. 그는 피곤했다. → He was not tired. 그는 피곤하지 않았다.

일반동사의 과거형 부정문은 오히려 더 간단합니다. 과거 시제를 나타내는 **did not** 또는 줄인 표현 **didn't**를 동사 앞에 두고, 그 뒤에는 동사 원형을 그대로 씁니다.

예 I talked. 나는 말했다. → I didn't talk. 나는 말하지 않았다.

초능력 연습 — 초능력을 기르게 해주는 문장 훈련

이제 문법이 살아 숨 쉬고 있는 회화 문장들을 살펴볼까요?
발음에 유의하며 세 번씩 읽어보세요.

> 스스로 점검해 볼 수 있도록 체크리스트에 체크해 주세요.

01 나는 깨어 있지 않았다.
I was not awake.
[아이워ㅅ낱어웨잌]

> awake는 형용사 "깨어 있는"이고, wake가 "깨다, 깨우다"라는 동사이다. I wake up.이 "나는 잠에서 깨다."라는 동작이라면, I am awake.는 "나는 잠에서 깨어 있다."는 상태를 의미한다.

02 나는 말하지 않았다.
I did not speak.
[아이딛낱스삑]

> speak는 "말하다"라는 뜻의 자동사로, speak-spoke-spoken로 변하는 불규칙 동사다. 뒤에 to, with 등의 전치사와 같이 쓰인다.
> **ex** I did not speak to him. 나는 그에게 말하지 않았다.

03 너는 귀엽지 않았어.
You were not cute.
[유월낱큐웉]

> cute는 "귀여운, 예쁜"이라는 뜻으로, adorable "사랑스러운", pretty "예쁜", lovely "사랑스러운"이라는 뜻과 같이 쓸 수 있다.

04 너는 변하지 않았다.

You did not change.
[유디낱췌인즈]

change는 "변하다, 변화시키다, 바꾸다"의 뜻이 있고, 돈과 관련하여 change는 "잔돈"을 의미한다. Keep the change.하면 "잔돈은 가지세요."라는 뜻이다.

05 그는 느리지 않았다.

He was not slow.
[히워ㅅ낱슬로우]

slow는 "느린"이라는 뜻이고, 반대로 "빠른"은 fast이다. fast food 하면 빨리 먹을 수 있는 햄버거 등의 음식을 말한다면, slow food는 우리의 건강을 생각해서 천천히 먹는 음식을 뜻한다.

06 그는 운동하지 않았다.

He did not work out.
[히딛낱웤까웉]

work out이 exercise와 차이가 있다면, 구어체에서 더 많이 쓰인다. 격식 있는 표현 exercise 보다 일반적인 의미의 work out이 회화에서 더 자연스럽게 쓰인다.

07 그녀는 어리지 않았다.

She was not young.
[쉬워ㅅ낱영]

young은 "나이가 어린, 젊은"이라는 뜻이고, 명사형은 youth "어린 시절, 젊음"이다. "내가 어렸을 때에는"을 영어로 하면, When I was younger이다. 어리다는 기준이 없기 때문에 내가 '더' 어렸을 때라는 의미를 넣어줘야 한다.

초능력 연습 | 초능력을 기르게 해주는 문장 훈련

08 그녀는 요리하지 않았다. ··· 1st ☐ 2nd ☐ 3rd ☐

She did not cook.
[쉬딛낱쿸]

cook은 "요리하다"라는 동사이지만, "요리사"라는 명사로도 쓰인다. 사람을 칭하는 -er을 붙여줘서 cooker라고 하면 "밥솥"이 된다.

09 우리는 행복하지 않았다. ··· 1st ☐ 2nd ☐ 3rd ☐

We were not happy.
[위월낱해삐]

We were을 소리 낼 때 [위], [월] 따로 발음하지 않고, 한 소리처럼 이어지도록 빠르게 발음한다. [위월]을 빠르고 겹치게!

10 우리는 쓰지 않았다. ··· 1st ☐ 2nd ☐ 3rd ☐

We did not write.
[위딛낱롸잍]

write는 right와 발음이 같다. 듣기만 할 때에는 우리말의 "배"처럼 문맥으로 구별해야 한다. light도 스펠링과 발음이 비슷한데, 명사로는 "빛", 형용사로는 "가벼운"이라는 뜻이며, 읽을 땐 [을라잍]으로 발음한다.

11 그들은 목마르지 않았다. ··· 1st ☐ 2nd ☐ 3rd ☐

They were not thirsty.
[th데이월낱th떨스띠]

thirsty는 목마르거나 갈증이 날 때를 표현할 수도 있지만, 그만큼 내가 갈망하거나 열망한다는 의미로도 쓰일 수 있다.

ex I always have been thirsty for freedom. 난 항상 자유를 갈망해왔다.

12 그들은 그것을 저장하지 않았다.

They did not save it.
[th데이딛낱쎄이빝]

save는 "저축하다, 보관하다"의 뜻을 가지고 있다. Save it!하면 "그만 말해! 조용히 해!"라는 뜻이다. safe라는 단어와 헷갈릴 수 있다. safe는 형용사로는 "안전한", 명사로는 "금고"로 쓰인다.

13 그 경찰관은 친절하지 않았다.

The policeman was not kind.
[th더포올리ㅆ먼워ㅅ낱카인ㄷ]

경찰관 한 명이면 a policeman이라고 한다. 특정 경찰관을 가리켜 친절하지 않았다고 하고 있으므로, 앞에 관사 the를 붙여준다.

14 그 경찰관은 오지 않았다.

The policeman did not come.
[th더포올리먼딛낱컴]

did not은 [딛낱]이라고 줄여서 발음하고, didn't일 때는 끝에 [ㅌ] 소리를 내지 않고 [디른]으로 발음한다.

15 경찰들은 용감하지 않았다.

The police were not brave.
[th더포올리ㅆ월낱브뤠입]

The police는 "경찰관들"이라는 복수명사이다. 따라서 뒤에 be 동사도 복수형을 받는 were가 왔다.

초능력 적용 — 말 터지는 블록 훈련

지금까지 이해한 문장들을 내 입에 착 붙도록 블록 훈련을 해보겠습니다.
기억해두고 싶은 문장이 있다면 체크해 두었다가, 모아서 길게 말하는 훈련을 해보세요!

우리말 문장을 영어로 바꿔 적어보고, 소리 내어 읽어 보세요.

01 늦잠

알람을 맞추다 set the alarm
제시간에 on time

- 나는 알람을 맞추지 않았다.
- 그래서 늦게 일어났다.
- 나는 택시를 탔다.
- 운이 좋게도, 나는 늦지 않았다.
- 나는 제시간에 도착했다.

02 운동

운동하다 work out

- 내 여동생은 운동하기를 원했다.
- 그것이 그녀의 건강에 좋기 때문에.
- 그러나 그녀는 운동하지 않았다.
- 그녀는 시간이 없었다.
- 그녀는 바빴다.

03 잘못된 주문

주문하다 order

- 나는 이것을 주문하지 않았다.
- 나는 매운 음식을 먹지 않는다.
- 이것은 너무 매워 보인다.
- 내 주문을 다시 확인해 주세요.

04 집안일

음식 dish
미워하다 hate

내가 그 음식들을 만들었다.

그녀는 나를 도와주지 않았기 때문에 그것은 쉽지 않았다.

그녀는 하루 종일 TV를 봤다.

나는 이유 없이 그녀가 미웠다.

05 물

편의점 convenience store

그 편의점의 생수는 비쌌다.

그들은 그것을 사지 않았다.

이것은 그들은 목이 마르지 않았기 때문이다.

결국, 그들은 돈을 절약했다.

06 바다

해변의 coastal
산책로 walk

그녀는 그 해변 산책로를 정말 좋아한다.

그러나 그녀는 그날 해변에 가지 않았다.

그녀는 그녀의 집을 좋아하기 때문에,

그녀는 슬프지 않았다.

07 파티

초대하다 invite
걱정하다 be worried about

나는 파티를 열었다.

샐리를 초대했다.

그녀는 오지 않았고, 나에게 전화를 하지도 않았다.

나는 그녀가 걱정됐다.

그래서 그녀의 집에 갔다.

10

Do you tired?
Are you tired?

영어를 꽤 오래 공부한 사람들도 막상 말할 때
be동사를 써야 할지, 일반동사를 써야 할지 헷갈리는 경우가 자주 있습니다.
사실 우리말도 문법적으로 완벽하게 따지며 말하지는 않죠.
"내가 간다"와 "나는 간다" 중 어느 게 맞는지 순간적으로 고민될 때,
그냥 "나 간다" 하고 넘어가는 것처럼 말이에요.
정확한 문장은 몰라도 일단 의미는 통하게 되는 거죠.
영어도 마찬가지입니다. 예를 들어 누군가가 "You clean?"이라고 물었다고
해볼게요. 문법 교과서대로라면 "Do you clean?"이 맞겠지만,
실제 대화에서는 이 한마디로도 충분히 의미가 전달됩니다.
"너 청소하니?"일 수도 있고, "너 깨끗하냐?"일 수도 있죠.
물론 상황이나 억양에 따라 의미는 달라지겠지만,
이런 식으로 문법이 완벽하지 않아도 영어는 통합니다.
그렇다고 해서 문법 공부가 필요 없다는 뜻은 아닙니다. 하지만 매 문장마다
"여기선 do야? are야?" 하며 고민하다 보면 말이 막히기 십상입니다.
고민하는 시간에 차라리 자주 쓰이는 문장을 통째로 외우는 편이 낫습니다.
그렇게 입에 익다 보면 문법을 따로 계산하지 않아도
자동으로 말이 나오는 순간이 옵니다.

초능력 원리 — 초능력 쌤의 문법 강의

제가 영어를 잘 못하던 유학 초창기 시절 얘기 하나 해드릴게요. 당시 한국 친구를 만나고 싶어서 어느 동양인 방 앞에서 노크를 했습니다. 그 사람이 문을 열자마자, 저는 너무 반가운 마음에 다짜고짜 이렇게 물었죠.
Do you Korean?
순간, "어, 이거 아닌데…" 싶었지만, 이미 말은 나가버렸고… 그 친구는 멋쩍게 웃으면서 **Yes, I do.**라고 대답하더라고요. 그때 깨달았어요. '아, 나랑 같은 수준이구나.' 서로 영어는 부족했지만 마음은 통했던 그런 순간이었죠.

이런 실수, 영어 처음 배우는 분들이 정말 자주 합니다. 왜냐하면 영어 의문문 만들기가 생각보다 까다롭기 때문이에요. 무엇보다도 문장을 시작할 때 어떤 단어를 써야 할지 결정하는 게 어렵습니다. 여기서 중요한 건 하나예요. 문장 속 핵심 말이 동사냐, 형용사냐?

예를 들어볼게요.
"너는 피곤하니?" 여기서 핵심이 되는 말은 "피곤하다"죠. "피곤하다"는 동작이 아니라 상태, 즉 형용사예요. 이럴 때는 be동사를 써야 하고, 주어가 you니까 be동사는 are가 됩니다. 그래서 영어로는 **Are you tired?**

이번엔 다른 문장 보겠습니다.
"너는 책 읽니?" 이번엔 "읽다(**read**)"라는 동작이 핵심이죠. 이건 동사입니다. 동사로 시작하는 의문문에는 **do**나 **does**를 써야 해요. 여기서 주어는 다시 you니까 Do를 쓰면 되고, 정리하면 **Do you read a book?**

하나만 더 해볼까요?
"그녀는 요리를 좋아해?" "좋아하다"는 동사죠. 주어는 **she**, 그러면 **do**가 아니라 **does**를 써야 합니다. 그래서 영어로는 **Does she like cooking?**

이런 문장들 만들 때 문법 계산하듯 따지고 있으면 말할 타이밍을 놓치기 쉬워요. 그래서 가장 좋은 방법은 뭐냐면, 이런 기본 문장을 자주 보고, 많이 외워두는 거예요. 톡 건드리면 탁 나올 수 있도록 몸이 먼저 반응하게 연습해두면, "**do**야, **are**야" 따질 필요 없이 입에서 문장이 술술 나옵니다.

초능력 연습 초능력을 기르게 해주는 문장 훈련

이제 문법이 살아 숨 쉬고 있는 회화 문장들을 살펴볼까요?
발음에 유의하며 세 번씩 읽어보세요.

> 스스로 점검해 볼 수 있도록 체크리스트에 체크해 주세요.

01 나는 친절하니?   1st 2nd 3rd

Am I kind?
[에마이카인ㄷ]

kind는 "친절한, 착한"이란 뜻의 형용사로, kindly는 "친절하게"라는 부사, "친절함"이라는 명사는 kindness이다.

02 내가 널 아니?   1st 2nd 3rd

Do I know you?
[두아이노유]

"내가 널 아니?" 라는 건 "난 너 모르는데?"라는 뜻과 같은 것! 그렇다고 해서 Do you know me? 라고 하면 영어권 문화에서는 "저 기억 안나세요?"라는 의미가 된다.

03 너 배고프니?   1st 2nd 3rd

Are you hungry?
[알유헝그뤼]

hungry를 넘어서 배고파서 못 참겠으면 starving을 써서, Are you starving? 이렇게 사용한다. 더 죽겠으면 Are you starving to death? "너 죽을 만큼 배고프니?"라는 의미.

04 너 설거지하니?

Do you wash the dishes?
[두유워쉬th더디쉬스]

wash dishes는 "접시를 닦다"는 뜻이니까 우리말로 "설거지하다"라고 해석하면 된다. 더 간단하게 하고 싶으면 do the dishes하면 된다.

05 그는 타고났니?

Is he talented?
[이ㅅ히태을런팉]

talented는 "재능 있는, 타고난"이라는 뜻으로, 우리가 연예인을 탤런트라고 부르는 것도 여기서 나온 말이다. 그러나 영어식으로는 actor/actress라고 해야 한다.

06 그는 외식하니?

Does he eat out?
[더ㅅ히잍아웉]

eat out은 나가서 먹다는 의미이므로 "외식하다"라고 해석한다. 그럼 집에서 먹는 건? eat in! 전치사 away를 쓰면 eat away "갉아먹다, 부식하다"라는 뜻이니 조심하자.

07 그녀는 사랑스럽니?

Is she charming?
[이쉬촬밍]

charming은 "매력적인, 멋진"이라는 뜻으로, 동화 속 왕자님 앞에 많이 쓰였다.
ex He's my Prince Charming. 그는 꿈에 그리던 남자야(이상형이야).

초능력 연습 — 초능력을 기르게 해주는 문장 훈련

08 그녀는 그것을 입니?   1st ☐   2nd ☐   3rd ☐

Does she wear it?
[더쉬웨얼잍]

> wear은 "입다"라는 뜻으로, 옷을 입을 때만 사용하는 게 아니라, 모자를 쓸 때도, 신발을 신을 때도, 안경을 쓸 때도 다 wear을 사용한다.

09 그거 어렵니?   1st ☐   2nd ☐   3rd ☐

Is it difficult?
[이싯디f피커을ㅌ]

> difficult는 "어려운"라는 형용사이며, -y 하나만 붙여주면 difficulty "어려움"이라는 명사가 된다.
> **ex** I am having a difficulty in studying English. 나는 영어 공부하는데 어려움을 겪고 있다.

10 그거 움직이니?   1st ☐   2nd ☐   3rd ☐

Does it move?
[더싯무vㅂ]

> move는 "움직이다"라는 뜻의 동사이지만, 그 밖에도 "이사하다, 옮기다, 나아가다"라는 다양한 뜻을 가지고 있다.

11 우리 다 괜찮니?   1st ☐   2nd ☐   3rd ☐

Are we all right?
[알위어롸잍]

> alright은 "괜찮은, 무사한"이라는 형용사로, all right을 줄여 사용한 표현이지만 공식적인 단어는 아니다. 회화에서는 많이 쓰이지만, 격식 있는 글을 쓸 때는 사용 금지!

12 우리 시간 있니?

Do we have time?
[두위햅v타임]

> have와 time은 자주 붙어 다닌다. Have a good time.하면 "좋은 시간 보내세요.", I don't have time for ~.는 "나는 ~할 시간이 없다."라는 뜻이다.

13 그것들은 유용하니?

Are they useful?
[알th데이유즈f풀]

> useful은 "유용한, 쓸모 있는"이라는 뜻으로, 사람이 아니라 사물을 꾸며줄 때 쓰인다. 반대어는 useless "소용없는, 쓸데없는"이다.

14 그들이 그것을 제공하니?

Do they serve it?
[두th데이썰v빗]

> serve는 음식 등을 "차려주다, 제공하다"라는 뜻의 동사로, 우리가 식당에서 "서빙한다"라고 하는 것도 여기서 나온 표현이다.

15 내 동료들은 정직하니?

Is my coworker honest?
[이ㅅ마이코월껄어니스ㅌ]

> honest에서 h 발음은 [ㅎ]이 아니라 [ㅇ]으로 소리 낸다. -y를 붙여 만든 "정직"이란 명사도 honesty [어니스띠] 이렇게 발음한다. hour가 [아월]로 소리 나는 것처럼.

초능력 적용 — 말 터지는 블록 훈련

지금까지 이해한 문장들을 내 입에 착 붙도록 블록 훈련을 해보겠습니다.
기억해두고 싶은 문장이 있다면 체크해 두었다가, 모아서 길게 말하는 훈련을 해보세요!

우리말 문장을 영어로 바꿔 적어보고, 소리 내어 읽어 보세요.

01 수업
수업을 듣다
take the class

- 너는 그 수업을 듣고 있네.
- 나도 그렇다.
- 그 수업 쉬워?
- 그 선생님 착해?
- 너 그 선생님 좋니?

02 새로운 식당
신 것
something sour
~옆에 next to

- 나는 신 것을 원한다.
- 저 건물 옆에 새로운 식당이 있다.
- 그들이 신 것을 제공해?
- 그거 비싸?
- 나는 그곳의 음식을 먹어보고 싶다.

03 소프트웨어
유용한 useful

- 그들은 새로운 소프트웨어를 가지고 있다.
- 너 또한 그거 가지고 있어?
- 그거 유용해?
- 나는 오래된 소프트웨어만 있다.
- 그것은 느리다.

04 버스

버스를 타다 take a bus
익숙하다 be familiar with

나는 시청에 가고 싶다.

나는 버스를 타야 한다.

이 버스 시청에 가니?

나는 이 지역이 익숙하지 않다.

05 농구

~을 잘하다 be good at

나는 농구를 좋아한다.

이것은 재미있고 신난다.

나는 공원에서 그것을 한다.

너도 가끔 그것을 하니?

너는 그것을 잘하니?

06 공연

재능 있는 talented

너와 나는 지난주에 공연을 봤다.

케빈은 거기 있었다.

그는 재능이 있나?

너는 그의 연기 마음에 드니?

07 좋은 소식

사귀다 date

나는 페니를 봤다.

너 그녀와 사귀니?

그녀가 너의 새 여자 친구니?

오, 사실이야?

정말 좋은 소식이구나!

11

Did you wanted it?
Did you want it?

Do you…? 이 패턴을 가르칠 때마다
저는 두유의 원조격인 "베지밀"을 언급했고,
과거형인 Did you…?를 설명할 때는
영조에게 억울하게 뒤주에서 죽임을 당한 사도세자를 떠올리게 했습니다.
물론 이건 저만의 방식이고, 살짝 아재 개그 같은 느낌이라
학생들 반응도 반반입니다.
"어우 또 시작이네…" 하는 반응도 있고,
"그래도 기억은 나요"라는 반응도 있습니다.
영어는 무조건 딱딱하고 논리적으로만 접근하면
실전에서 입이 안 떨어지는 경우가 많습니다.
문법은 머리에 남지만, 문장은 입에 안 붙는 거죠.
그래서 제가 항상 강조하는 게 있습니다.
Do you~? / Does he~? / Did you~?
이런 질문 패턴은 이해하고 만들려고 하지 말고,
그냥 입에 달아놓는 게 답입니다.
문장 통으로 외우고, 말버릇처럼 익히면 상황에 맞게 튀어나오게 됩니다.

초능력 원리 — 초능력 쌤의 문법 강의

혹시 우리말에서 동사의 현재형과 과거형을 어떻게 구분하는지 생각해본 적 있으신가요? 예를 들어, 나는 즐긴다. vs 나는 즐겼다.

이 두 문장의 차이는 뭘까요? 딱 하나죠. 바로 동사 끝에 붙은 'ㅆ' 받침입니다. 바로 이 쌍시옷 하나가 시제를 바꿉니다.

그런데 이 개념을 영어에 적용하려 하면 살짝 머리가 복잡해지기 시작해요. 왜냐하면 영어에서는 문장의 시제에 따라 문장 전체 구조가 바뀌기 때문입니다. 특히! 의문문 만들 때는 더 헷갈리죠. Do냐, Does냐, Did냐… 도대체 뭘로 시작해야 할지 식은땀이 나는 순간입니다.

그래서 우리가 봐야 할 건 딱 두 가지예요. ① 문장이 현재 시제인지 과거 시제인지 ② 주어가 3인칭 단수인지 아닌지, 이 두 가지를 보고 첫 단어를 결정하면 됩니다.

이럴 땐 직접 해보는 게 최고입니다. 자, 한번 영어로 바꿔보세요!

1. 너 공부하니?   2. 그가 들었니?   3. 그녀는 춤췄니?
4. 그들이 쉬니?   5. 우리가 변하니?   6. 네가 준비했어?
7. 나 좋아 보여?

정답 1. Do you study? 2. Did he hear? 3. Did she dance? 4. Do they rest? 5. Do we change?
     6. Did you prepare? 7. Do I look good?

이 중에서 2번, 3번, 6번 문장을 보세요. 우리말에 "~았니? ~었니? ~했어?" 모두 'ㅆ' 받침이 숨어 있죠? 이게 바로 과거 시제의 힌트입니다. 그래서 이럴 땐 문장 시작을 Did로 해줘야 해요.

그리고 중요한 포인트! Did 다음에 오는 동사는 무조건 '원형'입니다.

Did you hear? (○)   Did you heard? (X)

Did가 이미 과거 시제 표시를 해줬기 때문에, 뒤에 오는 동사는 더 이상 시제를 바꿀 필요가 없습니다. 이걸 문장으로 표현하자면, Did가 '이 문장은 과거입니다!' 하고 소리쳤으니까, 그다음 동사는 그냥 원형으로 쉬고 있으면 된다는 거예요. Do you heard?나 Did you heard? 같은 문장은 정말 많이 나오는 실수이니 꼭 주의해 주세요!

초능력 연습 — 초능력을 기르게 해주는 문장 훈련

이제 문법이 살아 숨 쉬고 있는 회화 문장들을 살펴볼까요?
발음에 유의하며 세 번씩 읽어보세요.

> 스스로 점검해 볼 수 있도록 체크리스트에 체크해 주세요.

01 나는 똑똑했었나?

Was I intelligent?
[워사이인텔리전ㅌ]

> intelligent는 "똑똑한, 지적인"이라는 뜻의 형용사이며, 명사는 intelligence "지능", 부사는 intelligently "똑똑하게"이다.

02 나 이거 샀었나?

Did I buy it?
[디라이바이잍]

> 과거 의문문을 쓰는데 주어를 I로 두었다는 것은 "내가~했나?"하고 스스로 헷갈릴 때, 기억을 더듬을 때 사용하는 표현이에요.
> **ex** Did I tell you before? 내가 너한테 전에 말했었나?

03 너 더 좋아졌니?

Were you better?
[월유베럴]

> better는 good의 비교급으로 "더 좋은, 더 나은"이라는 뜻이며, "가장 좋은"이라는 뜻의 최상급은 best를 쓰고 앞에는 관사 the를 붙여준다.

04 너 그거 좋아했었어?

Did you like it?
[디쥬을라잌낏]

like가 "좋아하다"는 뜻이므로 "그거 좋아했었어?"라는 뜻이 될 수도 있지만, 보통 "어땠어? 괜찮았어?" 정도의 의미로 잘 쓰인다.

05 그는 심각했었어?

Was he serious?
[워시씨뤼어ㅅ]

serious는 "심각한, 진지한"이라는 뜻이다. 어떤 문제나 사건에 대해서는 "심각한"으로, 사람의 성격이나 표정에 대해서는 "진지한"이라는 뜻으로 자주 쓰인다.

06 그는 그거 끝냈니?

Did he finish it?
[디리f피니쉴]

finish는 "끝내다"라는 뜻으로, 사람이 주어로 나오면 그대로 사용하면 되지만, 사물이 주어로 나오면 꼭 수동태를 써야 한다.

ex The project was finished. 프로젝트가 완료되었다.

07 그녀는 우아했니?

Was she elegant?
[워쉬에을레간ㅌ]

elegant는 "우아한, 고상한"이라는 뜻으로, 우리말로도 "엘레강스해요~"라고 표현하는데, 명사인 elegance "우아함, 기품"이다.

초능력 연습 — 초능력을 기르게 해주는 문장 훈련

08 그녀는 그거 시작했니?   1st 2nd 3rd

Did she start it?
[딛쉬스딸띳]

start는 "시작하다"라는 뜻으로, start-up하면 "스타트업, 창업"이 된다. 비슷한 단어로는 begin이 있는데 불규칙 동사로 begin-began-begun로 변한다.

09 우리 취했었나?   1st 2nd 3rd

Were we drunk?
[월위드륑크]

drink는 "마시다"라는 뜻의 불규칙 동사로 drink-drank-drunk로 변한다. 여기서는 형용사로 "술에 취한"이란 뜻으로 쓰였다.

10 우리 그거 씻었나?   1st 2nd 3rd

Did we wash it?
[딛위워싵]

wash는 "씻다, 닦다"라는 뜻으로, washing machine하면 "세탁기"가 되고, handwash 하면 우리가 아는 "손 세정제"도 되지만 동사로 "손빨래 하다"라는 뜻도 있다.

11 그것들은 새로운 거였어?   1st 2nd 3rd

Were they new?
[월th데이느우]

new는 "새로운, 최근의"라는 뜻으로 쓰이지만, "새로 시작한, 처음 들어온 그래서 잘 모르는"이라는 뜻도 있으므로 "그들 신입이었어?"라고 해석될 수도 있다.

12 그들은 그거 찾았어?

Did they find it?
[딛th데이f파인딭]

find는 "찾다, 해결하다"라는 뜻의 동사이며, find-found-found로 변한다. 과거형 found와 모습이 동일한 "설립하다"는 의미의 동사는 found-founded-founded로 변한다.

13 존이랑 케이트는 결혼했었어?

Were John and Kate married?
[월져언엔케읻메뤼ㄷ]

be married는 결혼한 상태에 더 초점을 두는 것이고, get married는 결혼을 하는 시점을 강조하는 것이고, 결혼하는 사람을 언급하고 싶으면 〈marry + 사람〉이라고 한다. with를 사용하면 오류!

14 너 여름 잘 보냈어?

Did you enjoy the summer?
[디쥬인조이th더써멀]

Did you enjoy ~?는 "~ 잘 보냈어? ~ 어땠어?" 등의 안부를 묻는 정도로 해석할 수 있다. 비슷한 표현으로는 have fun, take pleasure in이 있다.
ex Did you have fun during summer? 여름 동안 즐거운 시간 보냈어?

15 너의 시험 어려웠니?

Was your test difficult?
[워슈얼테스ㅌ디f피커을ㅌ]

difficult는 "어려운, 힘든"이라는 뜻으로, 동의어로 hard, tough 등이 있다. 이런 어휘는 보통 주어를 사람으로 두지 않는다. 주어를 사람으로 둘 때는 tired, exhausted를 사용한다.

지금까지 이해한 문장들을 내 입에 착 붙도록 블록 훈련을 해보겠습니다.
기억해두고 싶은 문장이 있다면 체크해 두었다가, 모아서 길게 말하는 훈련을 해보세요!

우리말 문장을 영어로 바꿔 적어보고, 소리 내어 읽어 보세요.

01 부재

찾다 look for

- 선생님이 너를 찾았어.
- 너는 집이었어?
- 그녀에게 말했니?
- 너 아팠니?
- 지금은 괜찮아?

02 동창생

~를 졸업하다 graduate from
~와 동의하다 agree with

- 너와 나는 같은 학교를 졸업했다.
- 나는 좋은 친구였니?
- 나는 똑똑하지는 않았지만, 성격은 좋았어.
- 너도 내 의견에 동의하니?

03 중요한 미팅

늦어서 서두르다 run late

- 나는 늦을 것 같아.
- 모두 거기에 있니?
- 그녀가 미팅을 시작했니?
- 이 질문은 정말 중요하다.
- 매니저 화났니?

04 숙제

숙제 assignment

우리는 많은 숙제들이 있다.

너는 그것들을 끝냈니?

그것들은 어려웠니?

너의 친구가 너 도와줬니?

나 또한 도움이 필요하다.

05 싸움

말다툼하다 argue
~와 화해하다 make up with

그 두 사람은 말다툼을 했다.

그것은 심각했니?

그가 무슨 잘못 했니?

그들은 서로 화해했니?

06 청결

청결 cleanliness

저녁 시간이야.

손 씻었니?

비누 사용했니?

청결은 중요하다.

07 시험

까다로운 tricky
자신 있는 confident

어제 중간고사 봤니?

시험은 까다로웠니?

너 자신 있니?

그 과목은 네가 제일 좋아하는 거잖아.

너는 좋은 성적 받을 수 있을 거야.

12

What you do eat?
What do you eat?

자, 지금부터 제가 의문사들을 하나씩 던질 테니, 그걸 보고 여러분은 생각나는 질문 문장을 최대한 많이 떠올려보세요.
예를 들어, Where do you live? Where is the bathroom? Where are you going? 이런 식으로요.
Where...? How...? When...? Who...? Why...? What...?
만약 각 의문사마다 3문장 이하밖에 생각나지 않는다면, 여러분은 실제 외국인과 대화할 때 질문을 던지는 데 소극적일 가능성이 높습니다.
그 이유는 간단해요. 질문을 던지는 건 대화에서 주도권을 잡는 방식이기 때문입니다.
상대가 묻기만 기다리는 게 아니라, 내가 먼저 물어볼 수 있어야 대화가 살아나고, 내 영어도 훨씬 자연스럽게 들려요.
〈의문사 + 조동사(do/does/did 등) + 주어 + 동사?〉
이 어순을 머릿속으로 일일이 생각하면서 문장을 만들면 말할 타이밍을 놓치게 됩니다.
그래서 필요한 건 뭐냐면, 질문 문장을 통째로 외워두는 겁니다.
입에서 바로 튀어나올 수 있도록요.

초능력 원리 — 초능력 쌤의 문법 강의

육하원칙(when, where, who, what, how, why), 이 여섯 가지는 정보 수집의 왕입니다. 우리가 지금까지 배운 의문문들은 어떤가요? 대부분은 Yes 또는 No로 대답할 수 있는 형태였어요.

Are you happy?
Do you have a pen?
Is it cheap?
Does your brother go there?

이제는 거기서 한 단계 더 나아가 봅니다. 육하원칙 의문문을 던져서 더 많은 정보를 이끌어내는 방법을 배우는 거예요. 이런 의문사들은 모두 문장의 맨 앞, 즉 어떤 단어보다 먼저 등장합니다.

자, 예를 들어볼게요.
클럽에 간 여자친구에게 남자친구가 따지는 장면, 상상해 보세요.

너 언제 집에 갔어?	When did you go home?
너 어디 갔어?	Where did you go?
너 누구랑 얘기했어?	Who did you talk to?
너 어제 뭐 했어?	What did you do yesterday?
너 어젯밤 어땠어?	How were you last night?
너 왜 피곤해?	Why are you tired?

이 정도 질문들을 만들 수 있다면, 영어로 모르는 걸 캐내지 못할 이유가 없습니다. 이런 업그레이드된 의문문은 실전 대화에서 핵심 정보를 빠르게 얻는 데 필수예요.

꼭 익혀두세요. 이건 단순한 영어 문장이 아니라, 말을 주도하는 힘이 되어줄 겁니다.

초능력 연습 초능력을 기르게 해주는 문장 훈련

이제 문법이 살아 숨 쉬고 있는 회화 문장들을 살펴볼까요?
발음에 유의하며 세 번씩 읽어보세요.

> 스스로 점검해 볼 수 있도록 체크리스트에 체크해 주세요.

01 너 뭐 좋아하니? ·· 1st 2nd 3rd

What do you like?
[왓두유을라잌]

> do를 would로 바꿔서 뒤에 to 부정사를 붙이면 "~하고 싶니?"라는 의미로 쓰인다.
> **ex** What would you like to drink? 어떤 거 마실래요?

02 너 어디서 자니? ·· 1st 2nd 3rd

Where do you sleep?
[웨얼두유스을립]

> sleep은 "자다"라는 동사도 되고, "잠"이라는 명사도 되는 단어이다. 여기서 파생된 sleeper 라는 단어 앞에 형용사를 붙여 heavy sleeper라 하면 "잠귀가 어두운 사람", light sleeper 라 하면 "잠귀가 밝은 사람"을 지칭한다.

03 그는 저녁 언제 먹어? ·· 1st 2nd 3rd

When does he have dinner?
[웬더시햅v디널]

> dinner과 diner는 n이 하나 빠진 데다가, 뜻도 비슷해서 많이 헷갈리는 단어다. dinner는 "저녁 식사"를 말한다면, diner [다이널]는 간단하게 식사할 수 있는 "식당"을 말한다.

04 너 거기 왜 가니?

Why do you go there?
[와이루유고th데얼]

Why do you는 한번에 붙여서 [와이루유]로, do가 [두]로 들리지 않게 빠르게 소리 낸다. there은 부사이므로 go to there이 될 필요가 없다.

05 그녀는 거기서 어떻게 일하니?

How does she work there?
[하우더쉬월ㅋth데얼]

work와 walk의 발음 차이를 확실히 하자. 가장 중요한 것은 walk의 l 소리를 완전 무시하고 [웤]으로 발음하는 것이 중요하다.

06 너 누구 좋아하니?

Who do you like?
[후두유을라잌]

Who do you like? Who do you want? Who do you need? 이 세 가지 질문은 영화에서도, 노래 가사에서도, 실제 일상에서도 정말 자주 등장하는데, 모두 좋아하는 사람을 묻는 질문이다.

07 얼마나 걸리니?

How long does it take?
[하우올롱더싵테잌]

거리를 나타내는 비인칭 주어 it은 아무 뜻이 없다. 요일/거리/시간/날짜/날씨/계절 등을 나타낼 때는 비인칭 주어 it으로 시작하는 것이 자연스럽다.

초능력 연습 초능력을 기르게 해주는 문장 훈련

08 이거 가격이 얼마예요?

How much does it cost?
[하우머츠더싯코스트]

"이거 얼마예요?" 하면 How much is it?을 먼저 떠올리는데, 여기에 동사 cost가 붙게 되면 조동사 does를 꼭 써줘야 한다.

09 너 뭐했니?

What did you do?
[왓디쥬두]

이 문장 뒤에 날짜나 시간이 오면 더 정확하게 물어볼 수 있는 의문문이 된다.
ex What did you do yesterday? 너 어제 뭐했니?
What did you do in the morning? 너 아침에 뭐했니?

10 너 그를 언제 봤니?

When did you see him?
[웬디쥬씨힘]

〈When did you 동사 원형?〉은 과거의 사건을 묻는 가장 기본적인 패턴이므로 When did you go? / When did you come? / When did you do? 등 많이 외워두도록 한다.

11 그는 어디서 버스 탔니?

Where did he take the bus?
[웨얼디리테잌th더버ㅅ]

버스 앞에는 a, the 관사가 상관없지만, 지하철은 take the subway라고 한다. 이는 지하철의 특정 라인을 가리켜서 그런 게 아니라 지하철 '시스템' 자체를 총칭하기 때문에 the를 붙여서 이야기하는 경우가 많다.

12 너 그거 어떻게 썼니?

How did you write it?
[하우디쥬롸이맅]

write는 "쓰다"라는 뜻으로 write-wrote-written로 변하는 불규칙 동사다. written에서 tt는 소리 내지 않고 [륕은]으로 발음한다.

13 너 누구 데려갔니?

Who did you take?
[후디쥬테잌]

take는 동사의 뜻이 너무너무 많아서 문맥을 보고 해석해야 하는데, 여기서는 who와 같이 쓰였으므로 "데려가다"라는 뜻으로 사용됐다.

14 왜 그녀는 더 원했니?

Why did she want more?
[와이딛쉬원ㅌ모올]

more은 "더"라는 뜻의 부사로, 동사 뒤에 혹은 명사 앞에 잘 쓰인다.
ex I want more milk. 우유 더 주세요.

15 너 얼마나 멀리 갔니?

How far did you go?
[하우f팔디쥬고]

far은 "먼, 훨씬, 더"라는 뜻의 부사로, "더 멀리"라고 하고 싶으면, 비교급 further를 쓴다. "제일 멀리"라는 최상급은 farthest이다. -er, -est 앞에 th가 생기는 걸 잊지 말자.

초능력 적용  말 터지는 블록 훈련

지금까지 이해한 문장들을 내 입에 착 붙도록 블록 훈련을 해보겠습니다.
기억해두고 싶은 문장이 있다면 체크해 두었다가, 모아서 길게 말하는 훈련을 해보세요!

우리말 문장을 영어로 바꿔 적어보고, 소리 내어 읽어 보세요.

01 제주도

때때로
from time to time

- 나는 제주도를 좋아한다.
- 나는 그곳에 때때로 간다.
- 너는 무엇을 좋아해?
- 제주도 좋아해?
- 제주도보다 더 좋은 장소들 있니?

02 발표

발표하다 make a presentation

- 너는 어제 발표를 했다.
- 발표 어땠니?
- 너 긴장했니?
- 너는 준비 많이 했으니,
- 나는 너에 대해 걱정을 하지 않는다.

03 길치

길을 잃다 get lost

- 나는 너를 기다리고 있었다.
- 너 어디 갔었니?
- 너 길 잃었니?
- 너 얼마나 멀리까지 갔었니?
- 너는 항상 조심성이 없다.
- 제발 조심해!

04 휴가

휴가 vacation

내 휴가가 막 시작됐다.

나는 지금 비행기 안이다.

이 비행기는 움직인다.

홍콩까지 얼마나 걸리지?

나는 정말 신이 난다.

05 술

병 bottle

몇 병이나 마셨니?

몇 시에 집에 갔니?

왜 그렇게나 많이 마셨니?

어디서 마셨니?

너의 어머니 화나셨니?

06 옷

비용이 들다 cost

너는 멋진 셔츠를 샀네.

그것은 얼마니?

네 사이즈 어떻게 되니?

그곳에 어떤 색이 있어?

나는 그것이 너무 마음에 든다.

07 외식

예약하다 make a reservation
테이블을 예약하다 book a table

너는 지난 주말에 어디서 저녁 먹었니?

그 음식은 맛있었니?

그곳은 사람들로 붐볐니?

너는 미리 예약했니?

어떻게 테이블을 예약했니?

13

Where was you gonig?
Where were you going?

be동사의 시제 변화, 이거 하나만으로도 사람 감정이
오르락내리락할 수 있다는 거, 혹시 느껴보신 적 있나요?
영화 속 한 장면이 떠오릅니다. 남편이 조심스럽게 묻죠.
Are you happy? "너 지금 행복해?"
그에 대한 부인의 대답은 짧지만 강합니다.
I was. "그랬었어."
말 그대로 과거형으로 대답한 이 한 마디는 지금은 행복하지 않다는 걸 말해주죠.
설명도, 감정 표현도 없이 시제 하나 바꿨을 뿐인데,
상대방의 마음에 큰 울림을 주는 순간이에요.
영어는 이렇게 be동사의 시제 변화만으로도 분위기를 확 바꿀 수 있습니다.
Are you busy? "지금 바빠?"
I was. "전에 바빴지, 지금은 괜찮아."
이렇게 단순하지만 정확하게 과거와 현재를 구분해주죠.
어렵고 철학적인 단어 하나 없이도, 감정과 시간의 흐름을
섬세하게 표현할 수 있는 게 바로 영어입니다.

초능력 원리 — 초능력 쌤의 문법 강의

앞 단원에서 제가 be동사의 과거형을 슬쩍 설명드리긴 했는데요, 혹시 아직 헷갈리시는 분들이 계실까 봐 한 번 더 정리해드릴게요.

be동사도 시제에 따라 모습이 바뀝니다. 과거를 말하고 싶다면 아주 간단해요.
am / is의 과거형 → was
are의 과거형 → were

예문으로 살펴볼까요?
I am cute. 나는 귀여워.   →   I was cute. 나는 귀여웠어.
It is long. 그건 길어.   →   It was long. 그건 길었어.
You are early. 너 일찍이네.   →   You were early. 너 일찍이었지.

여기서 꼭 기억하셔야 할 포인트는!
형용사에 절대 ed를 붙이지 않습니다. 예를 들어, cute → cuted 같은 말은 없어요! be동사가 시제를 표현해주니까 형용사는 그대로 두면 됩니다.

그럼 지금까지 배운 걸 바탕으로 연습해볼까요? 한글 문장을 영어로 바꿔보세요.

1. 그 커피는 달았다.   2. 나는 불행하다.   3. 그녀는 조용했다.
4. 너는 어리석었다.   5. 그들은 친하다.   6. 내 동생은 훌륭했다.
7. 우리는 외롭다.

정답 1. The coffee was sweet. 2. I am unhappy. 3. She was quiet. 4. You were stupid.
5. They are close. 6. My sister was wonderful. 7. We are lonely.

참고로 한국어의 'ㅆ' 받침, 예를 들어 "달았다, 조용했다" 같은 표현이 나오면, 그건 영어로는 보통 과거형이라는 신호로 받아들이시면 돼요.

초능력 연습 — 초능력을 기르게 해주는 문장 훈련

이제 문법이 살아 숨 쉬고 있는 회화 문장들을 살펴볼까요?
발음에 유의하며 세 번씩 읽어보세요.

스스로 점검해 볼 수 있도록 체크리스트에 체크해 주세요.

01 너 왜 혼자니?

Why are you alone?
[와이알유어을론]

alone의 유사어는 by oneself이다. 다들 아시듯, -self가 들어가는 재귀대명사는 꼭 시간 내서 암기한다.
ex) I do it alone. = I do it by myself.

02 그는 어떻게 지내니?

How is he doing?
[하우이시두잉]

직역하면 "그는 어떻게 하고 있는 중이니?" 즉, "어떻게 지내니? 잘 지내니?" 정도의 안부를 묻는 표현이라고 보면 된다.

03 그들은 뭐 하고 있니?

What are they doing?
[왓알th데이두잉]

사물 it의 복수형도 되므로, they는 사람만 올 것이라는 선입견을 갖지 말아야 한다. 그러나 이 문장에서는 do의 주어로 사람으로 쓰였다.

04 거기서는 그게 얼마니?

How much is it there?
[하우머ㅊ이싯th데얼]

얼마인지 물어볼 때는 How much 뒤에 does it cost를 붙여서도 자주 쓰인다. cost는 "(비용, 가격이) 들다"라는 뜻이다.
ex It costs a lot. 그거 비싸(그거 비용이 많이 들어).

05 여기서는 그것들이 얼마나 좋니?

How good are they here?
[하우구웃알th데이히얼]

good과 같은 뜻으로 사용할 수 있는 단어로는 excellent "훌륭한", awesome "기막히게 좋은", great "좋은", outstanding "뛰어난", nice "좋은" 등이 있다.

06 너 어디 가는 중이니?

Where are you going?
[웨얼알유고잉]

be going은 "가는 중이다"라는 뜻이지만, be going to는 "~할 예정이다"라는 가까운 미래를 나타내는 표현이 된다.

07 그녀는 언제 바쁘니?

When is she busy?
[웨니쉬비시]

When is she를 빠르게 발음해서 [웨니쉬]로 1초 만에 말한다는 생각으로 해보자. 과거로 When was she가 되면 [웬워쉬]로 발음한다. 미래형으로 한다면, 원형인 be 동사 잊지 말고 When will she be [웬위을쉬비]!

초능력 연습 — 초능력을 기르게 해주는 문장 훈련

08 너는 뭘 보고 있었니? ·· 1st 2nd 3rd

What were you looking at?
[왙월유을룩낑엩]

look at은 "~을 보다, 관찰하다"라는 뜻의 표현으로, look 뒤에 어떤 전치사가 오느냐에 따라 뜻이 달라진다. ex) look for 찾다, look up to 존경하다

09 너는 어떻게 지내고 있었니? ···································· 1st 2nd 3rd

How were you doing?
[하우월유두잉]

How are you는 [하우왈유], How were you는 [하우월유]. 발음이 조금 비슷하기 때문에 정확하게 소리 내도록 연습하자.

10 그는 어디서 기다리고 있었니? ·································· 1st 2nd 3rd

Where was he waiting?
[웨얼워시웨이링]

wait은 "기다리다, 대기하다"라는 뜻으로, 뒤에 전치사를 써서 wait for 하게 되면, "~를 기다리다"라는 뜻으로 for 뒤에 사람이 오게 된다.

11 그들은 언제 늦었니? ·· 1st 2nd 3rd

When were they late?
[웬월th데이을레잍]

late는 형용사로 "늦은", 부사로 "늦게"라는 뜻이다. lately는 -ly가 붙었다고 해서 "늦게"라는 뜻이 아니라, "최근, 최신에"라는 의미이므로 조심!

12 나 왜 어지러웠지?

Why was I dizzy?
[와이워사이디지]

dizzy는 "어지러운, 현기증 나는"이라는 뜻으로, 술을 마셨을 때도 이 표현이 자주 쓰인다.
ex I feel dizzy. 나 어지러워.

13 너는 얼마나 거기에 있었니?

How long were you there?
[하우을롱월유th데얼]

이 문장이 단순 과거라면, 현재완료인 How long have you been there?의 어순도 확인하자. 현재완료는 특정 기간 동안의 발생 사실을 나타낸다.

14 여기서 얼마나 걸렸니?

How far was it from here?
[하우f팔워싙f프롬히얼]

from here은 "여기서부터"라는 뜻으로, 만약 "여기서부터 저기까지"라고 하고 싶으면 from here to there으로 전치사 to를 사용한다.

15 그때 그거 어떤 색이었니?

What color was it then?
[왙컬럴워싙th덴]

이 기회에 까다로운 color의 이름을 외워보자.
ex sky blue 하늘색　　light grey 밝은 회색　　dark brown 짙은 갈색
　　　pale pink 연분홍색　bright red 선명한 빨간색　deep green 진한 초록

초능력 적용 — 말 터지는 블록 훈련

지금까지 이해한 문장들을 내 입에 착 붙도록 블록 훈련을 해보겠습니다.
기억해두고 싶은 문장이 있다면 체크해 두었다가, 모아서 길게 말하는 훈련을 해보세요!

우리말 문장을 영어로 바꿔 적어보고, 소리 내어 읽어 보세요.

01 숙제
피곤해 보이다
look tired

- 너 뭐 하고 있는 중이니?
- 너는 네 숙제를 끝내지 않았잖아.
- 오, 언제 끝냈니?
- 그래서 네가 피곤해 보이는구나.

02 입사
입사하다
join the company

- 무엇이 널 행복하게 하니?
- 그 소식을 들으니 좋네!
- 언제 그 회사 입사했니?
- 너는 그럴 자격이 있다.
- 너는 열심히 공부했었으니.

03 신발
위치해 있다
be located

- 너의 새 신발 멋져 보인다.
- 그것들 얼마야?
- 그것들 어디서 샀니?
- 어느 상점이야?
- 그것은 어디에 위치해 있니?

04
프로젝트

지친 exhausted
쉬다 get some rest

너 왜 그렇게 지쳤어?

얼마나 오랫동안 일했어?

그 프로젝트 어려웠어?

너 그거 끝냈어?

집에 가서 좀 쉬어.

05
여행

그때 at that time
활동 activity

일본 날씨 어땠어?

따뜻했어?

너는 그때 어떤 활동들을 했니?

넌 어떤 활동들을 추천하니?

그것들은 쉬웠니?

06
바쁜 친구

휴일 holiday
보고 싶다 miss

그녀는 언제 자유롭니?

그녀는 너무 바쁘다.

왜 그녀는 너무 많은 일을 하니?

그녀는 긴 휴일이 필요하다.

그리고 나는 그녀가 보고 싶다.

07
실수

여기로부터
from here

어디서 기다리고 있는 중이야?

여기서 얼마나 멀어?

나는 강남역 근처에 있어.

왜 거기에 있었어?

나는 너를 이해 못 하겠다.

14

They slept long?
They sleeped long?

불규칙 동사 이야기만 나오면, 영어 참 별나다 싶으시죠?

하지만 현재형과 과거형이 철자까지 똑같은 특별한 동사들도 있습니다.

cut 자르다 → cut 잘랐다

put 놓다 → put 놓았다

hit 때리다 → hit 때렸다

hurt 다치게 하다 → hurt 다치게 했다

quit 그만두다 → quit 그만뒀다

이 동사들은 현재형과 과거형이 철자도, 발음도 똑같습니다.

딱 보면 구분이 안 되죠. 그래서 문맥이 중요해요!

문장에서 시간 표현을 보고 "이건 과거구나!" 하고 판단해야 합니다.

그런데 또 다른 주의할 점도 있습니다.

read라는 단어예요. 철자는 현재형도 과거형도 똑같이 read.

하지만 발음이 달라요! 현재형은 [리드], 과거형은 [레드]라고 읽습니다.

이렇게 규칙도 없고 예외도 많고… 영어 참 성격 까다롭죠?

하지만 이 정도는 이제 이해하고 받아들이는 여유가 생기셨을 거예요.

외워야 하는 건 맞지만, 하나씩 알아갈수록 덜 무섭고 더 흥미롭습니다.

초능력 원리 — 초능력 쌤의 문법 강의

영어 동사 중에는 우리가 너무 좋아할 만큼 규칙적인 친구들이 있습니다.

dance – danced   move – moved   play – played
turn – turned   change – changed   walk – walked

보세요, 그냥 –ed만 붙이면 끝!
이런 동사들만 있다면 영어가 얼마나 쉬울까요?

그런데 아시잖아요. 영어가 그렇게 호락호락한 친구는 아니라는 거.
예를 들어, do의 과거는 did, eat의 과거는 ate, break의 과거는 broke처럼, 아무리 눈을 씻고 찾아봐도 규칙성이 안 보이는 동사들, 우리가 부르는 불규칙 동사들이 등장합니다.

그래서 여기, 일상에서 자주 쓰이는 아주 중요한 불규칙 동사들의 현재형과 과거형을 정리해봤어요.

	현재	과거		현재	과거
마시다	drink	drank	발견하다	find	found
느끼다	feel	felt	얻다	get	got
듣다	hear	heard	지키다	keep	kept
떠나다	leave	left	말하다	say	said
보내다	send	sent	앉다	sit	sat
생각하다	think	thought	가르치다	teach	taught
이해하다	understand	understood			

보시다시피 뜻밖의 변화가 참 많습니다. 그래서 그냥 한 마디로 정리하자면, 외워야 합니다! 너무 외워야 할 게 많다고요? 하루에 하나씩만 외워도 100일 뒤면, 여러분의 영어가 눈에 띄게 달라질 거예요. 불규칙 변화 동사, 우리가 피할 수 없다면, 차라리 친해지는 게 빠릅니다!

초능력 연습 — 초능력을 기르게 해주는 문장 훈련

이제 문법이 살아 숨 쉬고 있는 회화 문장들을 살펴볼까요?
발음에 유의하며 세 번씩 읽어보세요.

> 스스로 점검해 볼 수 있도록 체크리스트에 체크해 주세요.

01 나는 햄버거를 먹었다. ………………………………………………… 1st 2nd 3rd

I ate hamburgers.
[아이에잍햄벌걸ㅅ]

> ate는 eat의 과거형. 과거분사형은 eaten으로 t를 소리 내지 않고 [잍은]으로 발음한다.

02 나는 늦게 도착했다. …………………………………………………… 1st 2nd 3rd

I arrived late.
[아이어롸이v들레잍]

> a로 시작되는 단어들은 90% 넘게 a에 강세가 없다. 그러므로 a를 먼저 등장하는 단어에 붙여서, I arrive [아이어], [롸입v]로 발음한다.

03 나는 내 친구를 만났다. ………………………………………………… 1st 2nd 3rd

I met my friend.
[아이멭마이f프뤤드]

> meet의 과거형은 met, 과거분사형도 met! "우연히 만나다"라고 표현하고 싶을 땐 happen to meet를 써준다.
> **ex** I happened to meet my friend there. 나는 거기서 내 친구를 우연히 만났어.

04 나는 무언가를 쳤다.

I hit something.
[아이힡썸th띵]

hit은 "치다, 히트를 치다, 명중시키다"라는 뜻으로, hit-hit-hit로 변하며 현재-과거-과거분사형이 모두 같다!

05 나는 사진을 찍었다.

I took a picture.
[아이툭꺼픽철]

take는 "찍다, 데려가다" 등 뜻이 참 많은 동사로, take-took-taken으로 변한다. 리암 니슨이 나온 영화 '테이큰'이라는 제목도 taken "잡혀간"이라는 뜻이었다.

06 나는 오렌지 주스를 마셨다.

I drank orange juice.
[아이드뤵ㅋ오우뤈ㅈ쥬우ㅅ]

orange는 [오렌지]가 아니라 [오우뤈ㅈ]로 마지막에 ge소리는 [ㅈ]만 아주 조금 들릴 정도로 발음한다.

07 나는 돈을 썼다.

I spent money.
[아이스펜ㅌ머니]

spend는 "소비하다, 사용하다"라는 뜻으로 spend-spent-spent로 변한다. 목적어로 -ing 동명사가 이어진다.
ex I spent money buying a smartphone. 나는 스마트폰을 사느라 돈을 썼다.

초능력 연습 | 초능력을 기르게 해주는 문장 훈련

08 나는 은행을 방문했다. ··· 1st 2nd 3rd

I visited a bank.
[아이v비지릳어뱅ㅋ]

> visit은 "방문하다"라는 뜻이고, 그보다 더 짧은 방문은 stop by, drop by, come by라는 "들르다" 3형제가 있으니 다 외워서 골고루 써보자.

09 나는 피곤함을 느꼈다. ··· 1st 2nd 3rd

I felt tired.
[아이f펠타이얼ㄷ]

> tired는 "피곤한"이란 뜻인데, 정도가 더 강해지면 exhausted "녹초가 된"이 된다. exhausted의 발음은 [익줘스틷]로, 철자만 보면 소리 내기 힘든 발음이므로 조심하자.

10 나는 선물을 주었다. ··· 1st 2nd 3rd

I gave a gift.
[아이게이v버기f프ㅌ]

> give는 "주다"라는 뜻으로 give-gave-given로 변한다.
> **ex** I give money. 나는 돈을 준다. I gave money. 나는 돈을 줬다.
> I have given money. 나는 돈을 줘왔다.

11 나는 테이블이 그것을 놓았다. ·· 1st 2nd 3rd

I put it on the table.
[아이푸릳온th더테이블]

> put은 "놓다, 두다"라는 뜻으로, put-put-put 모두 똑같이 생겼다. cut "자르다", let "시키다, 허락하다", set "세우다"도 변하지 않는다.

12 나는 최선을 다했다.

I tried my best.
[아이츠라이ㄷ마이베스ㅌ]

try는 "시도하다, 도전하다"라는 뜻으로 try-tried-tried로 변한다. 같은 뜻으로, try 대신 do를 사용할 수도 있다.

13 나는 내 친구에게 말했다.

I said to my friend.
[아이쎈투마이f프렌ㄷ]

say는 "말하다"는 뜻으로 say-said-said로 변한다. "~에게 말하다"라고 할 땐 ⟨say to + 사람⟩, 같은 의미로 ⟨tell + 사람⟩, ⟨talk to + 사람⟩이 있다.

14 나는 내 차를 운전했다.

I drove my car.
[아이드롭v마이칼]

drive에서 d는 [ㄷ]와 [ㅈ]를 동시에 소리 낸다는 생각으로 발음으로 하면 좋다. d와 r 사이에는 모음이 없으므로 빨리 발음하다.

15 나는 거기서 TV를 봤다.

I watched TV there.
[아이와취ㄷ티v비th데얼]

TV는 V 발음이 중요한데, [티비]로 발음하면 TB다. V는 윗니로 아랫입술을 깨물고 시작해서 이빨 보이게 [이]로 끝나면 된다.

초능력 적용 — 말 터지는 블록 훈련

지금까지 이해한 문장들을 내 입에 착 붙도록 블록 훈련을 해보겠습니다.
기억해두고 싶은 문장이 있다면 체크해 두었다가, 모아서 길게 말하는 훈련을 해보세요!

우리말 문장을 영어로 바꿔 적어보고, 소리 내어 읽어 보세요.

01 영화감상

인상깊은 impressive
잠들다 fall asleep

나는 어젯밤에 영화를 봤다. _____

그 영화는 매우 인상 깊었다. _____

그러나 나는 영화를 보다가 잠들었다. _____

엄마가 오늘 아침에 나를 깨웠다. _____

02 친구

교통 체증 traffic jam
대접하다 treat

지난주에 나는 친구를 만났다. _____

나는 교통 체증 때문에 늦게 도착했다. _____

나는 미안해서 그에게 브런치를 대접했다. _____

우리는 유명한 빵집에 갔다. _____

03 신문

선거 election
기사 article

나는 오늘 아침 신문을 읽었다. _____

나는 선거에 대한 기사를 읽었다. _____

기사는 매우 흥미로웠다. _____

최근에 읽은 기사는 무엇이니? _____

04 여행

여행가다 take a trip

나는 최근 친구와 중국으로 여행을 갔다. _____

우리는 주요 관광지를 방문했다. _____

나는 나의 가족들을 위한 기념품도 샀다. _____

하지만, 여권을 잃어버렸다. _____

제시간에 체크인을 하지 못했다. _____

05 백화점

세일 중인 on sale
재고가 없는 out of stock

많은 상점들이 지난주에 세일을 시작했다. _____

백화점에서 세일 중인 가방을 샀다. _____

나는 그것을 다른 가방으로 교환하기를 원했다. _____

그러나 그것은 재고가 없었다. _____

06 기말고사

밤새다 stay up all night

나는 어제 열심히 공부를 했다. _____

나는 밤을 샜다. _____

그리고 나는 오늘 아침에 기말고사를 봤다. _____

그것은 나에게 매우 어려웠다. _____

그래서 나는 머리가 아팠다. _____

07 회의

참석하다 attend
잘못 fault

나는 오늘 아침 회의에 참석할 수 없었다. _____

내가 회의시간을 잊어버렸기 때문에. _____

나의 상사는 화가 났다. _____

그것은 내 잘못이다. _____

15

She is walk fast?
She is walking fast?

저는 이런 경험이 있습니다.
TV에서 '사랑은 ing'라는 제목을 보고,
"사랑은 잉?" 전라도 사투리인가?
영어를 가르치면서 '진행형'이란 뜻을 왜 눈치채지 못했을까요?
하지만, -ing는 단순히 진행형을 뜻하는 게 아니랍니다.
진행형이 되려면 ing 앞에 반드시 be동사가 있어야 한다는 사실이에요.
그냥 love + ing = loving 그건 진행형이 아니라
형용사나 명사 역할을 하는 형태일 수 있어요.
예를 들어,
Loving you is easy.
너를 사랑하는 건 쉬워. → 여기서는 동명사
He is loving this game.
그는 이 게임을 정말 즐기고 있어. → 여기서는 진행형
그러니까, ing를 봤다고 무조건 진행형이라고 착각하면 곤란해요.

초능력 원리 — 초능력 쌤의 문법 강의

어느 날 한 중학생한테 제가 이렇게 물었어요.
"너 뭐 하는 중이야?"
그랬더니 아주 진지하게 이렇게 대답하더라고요.
"저… 중3인데요."

이거 실화 맞냐고요? 맞습니다. 여기서 말하는 '중'은 중학교의 중이 아니라, "무언가 하고 있는 중이다", 즉 진행되고 있다는 뜻의 '중'이에요. 예를 들면, "나는 걷는 중이다", "나는 공부하는 중이다"처럼요.

영어에서도 이런 표현이 있어요. 바로 진행형이라고 불러요. 형식은 아주 간단해요.
be 동사 + 동사에 –ing 붙이기!

예를 들어,
I eat. 나는 먹는다.　　　　　→　I am eating. 나는 먹는 중이다.
She studies. 그녀는 공부한다.　→　She is studying. 그녀는 공부하는 중이다.

그런데 여기서 "영어 문장에는 보통 동사 하나만 온다며?"라고 생각할 수 있어요. 맞아요. 근데 이건 예외예요. 왜냐하면, 동사에 ing를 붙이면, 그건 더 이상 동사가 아니라 형용사처럼 작용하거든요. 그래서 I asking. 이렇게 말하면 영어에서는 동사가 없는 이상한 문장이 되어버려요. 그래서 **be** 동사가 와서 도와주는 거예요. 그래서 **I am asking.**이 됩니다.

한 줄 요약!
be 동사 + 동사ing = 무언가를 "하는 중이다", 즉 진행형 표현이에요.
이제 "나는 자는 중이야."는 뭐라고 해야 할까요?
맞아요! I am sleeping.

초능력 연습 — 초능력을 기르게 해주는 문장 훈련

이제 문법이 살아 숨 쉬고 있는 회화 문장들을 살펴볼까요?
발음에 유의하며 세 번씩 읽어보세요.

스스로 점검해 볼 수 있도록 체크리스트에 체크해 주세요.

01 나는 재킷을 입고 있다.

I am wearing a jacket.
[아임웨어륑어재킽]

> be wearing은 내가 재킷을 입고 있는 '상태'를 가리킨다. 내가 재킷을 입고 있는 '동작'을 얘기할 때는 be putting on을 쓴다.

02 우리는 너를 기다리고 있다.

We are waiting for you.
[위얼웨이링f폴유]

> "~를 기다리다"는 의미로는 〈wait for +사람〉으로 표현한다. 〈wait for + 시간〉이면 "~동안 기다리다"로 해석한다.

03 그는 그 뉴스를 듣고 있다.

He is hearing the news.
[히이ㅅ히어륑th더뉴ㅅ]

> hear과 listen을 비교해보자. hear은 그냥 들려서 들리는 대로 듣는 것을, listen은 적극적으로 내가 듣고자 하는 의지가 있어 듣게 되는 뉘앙스의 차이가 있다.

04 그녀는 피아노를 치고 있다.

She is playing the piano.
[쉬이ㅅ플레잉th더피에노]

play the piano는 하나의 표현으로 외워두자. play는 "놀다"라는 뜻도 있지만, 악기 앞에 쓰이면 "연주하다"라는 뜻이 되고, 피아노 앞에는 관사 the가 붙는다.

05 그것은 높이 날고 있다.

It is flying high.
[이리ㅅf플라잉하이]

사물이 주어로 fly high가 쓰이면, 말 그대로 "높이 날다"가 되지만, 사람이 주어로 쓰이면 높이 날 듯이 "신이 나다"라는 뜻이 된다.

06 우리는 너를 위해 요리하고 있다.

We are cooking for you.
[위얼쿠킹f폴유]

cook 다음에 음식이 오면 "~을 요리하다", cook for는 "~를 위해 요리하다"라는 뜻이 된다. cook you하면 "너를 요리한다"라는 끔찍한 소리가 되니 전치사 꼭 챙겨주도록!

07 그들은 조용히 하고 있다.

They are keeping quiet.
[th데이얼키삥콰이엍]

keep 다음에 동사ing가 오는 경우, "계속 ~하다"라는 뜻이 된다.
ex Keep going. 계속해 봐.

초능력 연습 — 초능력을 기르게 해주는 문장 훈련

08 우리 가족은 즐겁게 지내고 있다. ·· 1st ☐ 2nd ☐ 3rd ☐

My family is having fun.
[마이f페미을리이ㅅ해v빙f펀]

fun은 단순히 명사로 "재미", 형용사로 "재미있는"이란 뜻이지만, have fun 하면 "재밌게 논다, 즐거운 시간을 보내다"라는 뜻이 된다.

09 그 나라는 잘하고 있다. ·· 1st ☐ 2nd ☐ 3rd ☐

The country is doing a good job.
[th더컨츄뤼이ㅅ두잉어그웃쨥]

Good job!은 "좋은 직업이군!"이 아니라 "잘했어!"라고 해석한다. 비슷한 표현으로 Well done!하면 고기를 다 익힌 것도 되지만, "잘했어!"로도 쓸 수 있다.

10 너와 나는 자주 이야기하고 있다. ·· 1st ☐ 2nd ☐ 3rd ☐

You and I are talking often.
[유에나이얼턱킹어f픈]

often은 빈도부사로 "자주, 종종"이라는 뜻이다. sometime은 "가끔, 때때로", always는 "항상"!

11 그들의 차는 천천히 움직이고 있다. ·· 1st ☐ 2nd ☐ 3rd ☐

Their car is moving slowly.
[th데이얼칼이ㅅ무v빙슬로우을리]

slowly는 "느리게, 천천히"라는 뜻의 부사로, slow는 형용사지만 구어체에서는 부사로도 많이 쓰인다.

12 우리 회사는 책들을 팔고 있다.

My company is selling books.
[마이컴뻐니이ㅅ쎄을링북ㅅ]

sell의 반의어는 buy "사다" 혹은 purchase "구매하다"이다. 그렇다면 판매자는 seller, 구매자는 buyer라는 것쯤은 쉽게 유추할 수 있다.

13 사람들은 웃고 있다.

People are laughing.
[피쁠얼을레f핑]

laugh에서 gh는 [f]와 가깝게 발음하면 된다. smile은 "미소"라는 뜻이라면, laugh는 소리 나는 "웃음"의 뉘앙스로 볼 수 있다.

14 아이들은 걷고 조깅하고 있다.

Children are walking and jogging.
[칠드뤈얼워낑엔져깅]

walk는 "걷다", jog는 "조깅하다"라는 뜻으로, "나는 공원에서 조깅한다."고 할 때는 I jog at the park.이지 I do jogging at the park.라고 하지 않는다.

15 우리 팀은 그 게임에서 이기고 있다.

My team is winning the game.
[마이티임이ㅅ위닝th더게임]

반대로 지고 있는 상황을 표현하려면 My team is losing the game.이라고 하면 된다.

초능력 적용 — 말 터지는 블록 훈련

지금까지 이해한 문장들을 내 입에 착 붙도록 블록 훈련을 해보겠습니다.
기억해두고 싶은 문장이 있다면 체크해 두었다가, 모아서 길게 말하는 훈련을 해보세요!

> 우리말 문장을 영어로 바꿔 적어보고, 소리 내어 읽어 보세요.

01 청소기

진공청소기 vacuum
소음을 내다 make noise

- 나는 지금 내 방을 청소하고 있다.
- 지난주에 새 진공청소기를 샀다.
- 그것은 인기 있는 모델이다.
- 그것은 소음을 만들지 않아서,
- 나는 그것이 마음에 든다.

02 다이어트

살을 빼다 lose weight
운동하다 work out

- 나는 공원에서 조깅하는 중이다.
- 다시 말해, 나는 살을 빼고 있는 중이다.
- 그래서 아침 식사로 계란 하나를 먹었다.
- 나는 살이 찌는 걸 원치 않는다.
- 운동은 결코 쉽지 않다.

03 운전면허

운전면허시험 driving test
운전면허증 driver's license

- 그 남자가 운전하고 있다.
- 그는 두 달 전에 운전면허시험에 합격했다.
- 나는 운전면허증이 없다.
- 너는 언제 운전면허를 취득했니?

04
여자 친구

~를 기다리다
wait for

나는 여자 친구를 기다리고 있다.

우리는 5년 전에 만났다.

그녀는 친절하다.

그녀는 종종 늦지만,

나는 여전히 그녀를 좋아한다.

05
조깅

입다 wear
운동 exercise

남자는 그의 강아지와 조깅하고 있다.

그는 파란 운동복을 입고 있다.

그는 그의 건강을 위해 매일 조깅을 한다.

조깅은 좋은 운동이다.

너는 요즘 어떤 운동을 하니?

06
우유

~한잔 a glass of
냉장고 refrigerator

나는 우유를 마시는 중이다.

나는 매일 우유 한잔을 마신다.

우리 엄마는 우유를 냉장고에 넣어 둔다.

그것은 맛있고 나의 건강에 좋다.

07
계절

떨다 shiver

나는 두꺼운 코트를 입고 있지만 떨고 있다.

오늘은 매우 춥다.

나는 추운 날씨를 정말 싫어한다.

나는 여름을 좋아한다.

네가 제일 좋아하는 계절은 뭐니?

16

I am studying yesterday?
I was studying yesterday?

누가 "너 4시에 뭐했어?"라고 물어본다고 생각해 보세요.
그때 이렇게 답할 수 있죠. "잤어." 또는 "자고 있었어."
두 문장 다 맞는 말이에요. 하지만 어떤 쪽이 더 생생하게 느껴지나요?
맞아요. "자고 있었어." 이 표현은 그 순간의 상황이 더 또렷하게 그려지죠.
영어도 똑같아요. I slept.보다 I was sleeping.은 그 시간 동안 자는 중이었다는,
조금 더 길고 생동감 있는 상황을 보여주는 표현이에요.
우리말도 마찬가지죠. "나는 공부했다."보다 "나는 공부하고 있었다."가
좀 더 상황이 느껴지고, 그때 내가 얼마나 집중하고 있었는지도
간접적으로 보여주는 말이잖아요.
그래서 영어에서도 진행형 과거를 쓰면, 그때 그 순간,
내가 뭘 하고 있었는지 좀 더 분위기 있게 표현할 수 있어요.
I am studying. 지금 공부 중이야.
I was studying. 그때 공부하고 있었어.
딱 한 끗 차이인데, 표현의 깊이는 꽤 차이가 나죠? 진행형은 "중이었다"라는
생생한 느낌을 더해주는 표현이다. 이렇게 기억해 두시면 딱 좋습니다.

초능력 원리 — 초능력 쌤의 문법 강의

시제는 그냥 과거, 현재, 미래만 있으면 될 것 같죠? 그런데 영어는 여기에 진행형과 완료형까지 붙으니 머리가 좀 복잡해집니다. 그래도 너무 걱정 마세요. 오늘 설명드릴 진행형은 의외로 단순한 규칙만 기억하면 쉽게 다룰 수 있습니다.

먼저, 아래 문장을 차례대로 보세요.
I drink coffee. 나는 커피를 마신다.(현재)
I drank coffee. 나는 커피를 마셨다.(과거)
I will drink coffee. 나는 커피를 마실 것이다.(미래)
I am drinking coffee. 나는 커피를 마시는 중이다.(현재 진행)
I was drinking coffee. 나는 커피를 마시는 중이었다.(과거 진행)
I will be drinking coffee. 나는 커피를 마시고 있을 것이다.(미래 진행)

지금 보신 것처럼, 진행형은 단순히 동사에 -ing를 붙이고 앞에 be동사를 함께 써서 만드는 구조입니다. 현재형이면 am / is / are + 동사ing, 과거형이면 was / were + 동사ing, 미래형이면 will be + 동사ing 으로 만들죠.

우리말에서는 현재 진행형과 과거 진행형은 한 글자 차이예요.
현재 진행: 하고 있는 중이다   과거 진행: 하고 있는 중이었다
'었' 하나만 달라졌는데도, 분위기는 꽤 다르죠. 그 미묘한 차이를 영어에서는 바로 be동사의 과거형인 was와 were로 시제를 전달합니다. 동사ing 형태에 과거 의미를 더 할 수는 없어요.

그럼 연습해 볼까요?
나는 네게 전화하고 있었다.
주어 I, 동사 시제 과거 진행 was calling, 네게 you. → I was calling you.

그들은 기다리고 있었다.
주어 They, 동사 시제 과거 진행 were waiting. → They were waiting.

이제 진행형, 부담감 좀 줄어드셨나요? 이 원리를 기억하면서 예문을 조금씩 연습하다 보면, ⟨be 동사 + 동사ing⟩은 몸에 딱 붙는 패턴이 될 거예요.

초능력 연습 — 초능력을 기르게 해주는 문장 훈련

이제 문법이 살아 숨 쉬고 있는 회화 문장들을 살펴볼까요?
발음에 유의하며 세 번씩 읽어보세요.

> 스스로 점검해 볼 수 있도록 체크리스트에 체크해 주세요.

01 나는 축구를 하고 있었다.

I was playing soccer.
[아이워ㅅ플레잉싸껄]

> play 뒤에 스포츠, 악기 등이 올 수 있다.
> **ex** play tennis 테니스 치다, play baseball 야구를 하다
> play the piano 피아노를 치다, play the violin 바이올린을 켜다

02 너는 그를 만나고 있었다.

You were meeting him.
[유월미링힘]

> meeting은 여기서 진행형으로 쓰여서 -ing가 붙었지만, meeting 자체로 "미팅, 모임"이라는 명사도 된다.

03 그는 미팅에 참석하고 있었다.

He was attending a meeting.
[히워서텐딩어미링]

> attending a meeting을 having a meeting으로 바꿔 쓸 수 있다. attend와 같은 의미로는 participate in, take part in 등이 있다.

136

04 그들은 질문을 하고 있었다.

They were asking questions.
[th데이월에스낑쿠에스쩐ㅅ]

question은 "질문, 문제"라는 뜻으로, 발음은 [쿠에스쩐]으로 que의 모음을 하나씩 빨리 소리 내는 느낌으로 한다.

05 내 남동생과 여동생은 소리 지르고 있었다.

My brother and sister were yelling.
[마이브롸th덜엔씨ㅅ 떨월옐링]

yell은 "소리 지르다"라는 뜻으로, 전치사 at이 자주 따라붙으며 〈yell at + 사람〉 "~에게 소리치다"라는 의미로 쓰인다.

06 그것은 오래 지속되고 있지 않았다.

It was not going long.
[잍워ㅅ낱고잉을롱]

go long은 비슷한 의미로 go a long way라고도 자주 쓰이는데 "오래가다, 오래 지속되다"라는 뜻이다.

07 우리는 많이 울고 있지 않았다.

We were not crying much.
[위월낱크롸잉머ㅊ]

much는 "많이"라는 뜻의 부사로, 여기서는 crying을 꾸며주어 "많이 울다"로 해석된다.

08 나는 너를 찾고 있지 않았다.

I was not looking for you.
[아이워ㅅ낱을룩낑f폴유]

look for은 "찾다"는 뜻으로, 고의적으로 나의 의지로 찾은 것이고, look at은 우연히 "보다"라는 뉘앙스이다.

09 너는 쉬는 시간을 갖고 있지 않았다.

You were not taking a break.
[유월낱테이낑어브뤠잌]

take a break 하면 "쉬는 시간을 갖다"라는 뜻으로, 보통 식당에서 3~5시 사이에 걸어놓는 푯말에 써 있는 Break time도 "쉬는 시간"이라는 의미이다.

10 내 개는 짖고 있지 않았다.

My dog was not barking.
[마이덕워ㅅ낱발낑]

bark는 동사로는 "짖다", 명사로는 "짖는 소리"라는 뜻으로, 동물에게도 쓸 수 있지만, 사람에게 쓰면 "고함을 지르다"라는 뜻이 된다.
ex He barked orders. 그는 명령을 고함쳤다.

11 그는 거기서 일하고 있었니?

Was he working there?
[워시월낑th데얼]

work는 동사로는 "일하다", 명사로는 "직장"이라는 뜻으로, work for 하면 "~에서 일하다"라고 해석되어 뒤에 회사명이 나온다. work at도 같은 뜻이다.

12 너는 여기에 서 있었니?

Were you standing here?
[월유스뗀딩히얼]

stand는 "서다, 견디다"라는 뜻으로, 여기서는 "서다"라는 의미로 쓰였다. 우리말의 "스탠드" 역시 서 있는 것의 의미로 물건을 세우는 거치대를 뜻한다.

13 너의 친구는 기다리고 있었니?

Was your friend waiting?
[워슈얼f프렌ㄷ웨이링]

was your을 빨리 발음하면 [워시] + [유얼] = [워슈얼]이라고 발음된다. waiting의 t는 양쪽의 모음으로 연음화 되어 [ㄹ]로 발음된다.

14 그들의 사촌들은 울고 있었니?

Were their cousins crying?
[월th데얼커신ㅅ크롸잉]

relative "친척" 중에 cousin "사촌"은 성별 상관없이 쓰이지만, 여자 친척은 aunt "이모, 고모, 숙모, 당숙모 …", 남자 친척은 uncle "삼촌, 큰아버지, 작은아버지, 당숙 …"이다.

15 너와 나는 함께 노래 부르고 있었니?

Were you and I singing along?
[월유에나이씽잉어을롱]

sing along, go along, come along, dance along에서 along은 부사로 "함께"라는 뜻이다. together와 의미가 같다.

초능력 적용 — 말 터지는 블록 훈련

지금까지 이해한 문장들을 내 입에 착 붙도록 블록 훈련을 해보겠습니다.
기억해두고 싶은 문장이 있다면 체크해 두었다가, 모아서 길게 말하는 훈련을 해보세요!

우리말 문장을 영어로 바꿔 적어보고, 소리 내어 읽어 보세요.

01 게임

스트레스를 풀다 **relieve stress**

- 나는 컴퓨터 게임하는 것을 즐긴다. _____
- 네가 어제 전화했을 때 나는 그것을 하고 있었다. _____
- 너도 게임하는 것을 좋아하니? _____
- 그것은 내 스트레스 해소에 좋다. _____

02 스키

넘어지다 **fall down**

- 스키는 내가 가장 좋아하는 운동이다. _____
- 나는 지난주에 스키를 타고 있었다. _____
- 너무 재미있었다. _____
- 그러나 나는 넘어졌다. _____
- 나는 그것을 할 때 조심해야 한다. _____

03 편의점

편의점 **convenience store**
갑자기 **all of sudden**

- 퇴근 후 너무 배가 고파서 편의점에 가는 중이었다. _____
- 갑자기 비가 내렸다. _____
- 그래서 나는 우산을 사고 싶었다. _____
- 그러나 나는 그럴 수 없었다. _____
- 집에 있는 책상 위에 지갑을 놓고 나왔기 때문에. _____

04
공원

산책하다 take a walk
~을 따라 along

나는 지난 주말에 공원을 산책하고 있었다.

나는 거기서 같은 반 친구를 봤다.

그 공원에는 호수를 따라 트랙이 있다.

그는 트랙을 따라 달리고 있었다.

05
소음

소음 noise
하루 종일 all day long

우리는 집에서 책을 읽고 있었다.

우리는 옆집에서 나는 소음을 들었다.

우리의 이웃이 하루 종일 소음을 만들고 있었다.

그들은 뭐 하는 중이었을까?

06
지하철

내리다 get off
잠이 들다 fall asleep

나는 매일 지하철을 이용한다.

나는 오늘 아침에 지하철을 탔다.

나는 잠이 들어서 내리지 못했다.

그리고 나는 가방을 지하철에 두고 내렸다.

내가 왜 그랬을까?

07
이상한 소리

동시에
at the same time

나는 침대에서 일기를 쓰고

그리고 동시에 노래도 듣고 있었다.

근데 그 이상한 소리를 들었다.

방에는 나와 여동생뿐이었다.

나는 무서웠다.

17

I will play football?
I will played football?

혹시 '장까지 살아간다'는 유제품 광고 기억나시나요?
그 유제품의 이름인 WILL은 유산균들이 긴 여정에도 굴하지 않은
생명의 의지를 가지고 있다는 의미였어요.
영어에서도 조동사 will은 그런 느낌이 납니다.
참고로 will을 명사로 쓰면 "의지"라는 뜻이에요.
I have a will to succeed. 나는 성공할 의지가 있어요.
또, "의지력"은 willpower라고도 합니다.
미래를 말할 때, 영어에는 두 가지 표현이 있습니다: will과 be going to
두 표현 다 "~할 것이다"라는 미래의 의미를 가집니다.
그런데 뉘앙스에 조금 차이가 있어요. will은 그 순간 생각해서 말하는 느낌입니다.
"어, 내가 도와줄게!" 같은 즉흥적인 말에 자주 쓰이죠.
be going to는 이미 마음속으로 정해 놓은 미래 계획 느낌입니다.
"나 이거 하려고 이미 마음먹었어!"라는 기분이 들어요.
그 차이를 알아두면 말할 때 표현력이 한층 풍성해집니다.
두 표현 다 잘 익혀두세요. 상황에 맞게 골라 쓰는 재미가 있거든요!

초능력 원리 — 초능력 쌤의 문법 강의

영어에는 동사를 돕는 친구들이 있습니다. 말 그대로 '도울 조 助'를 써서 조동사라고 불러요. 혼자 힘으론 문장 만들기 버거운 동사를 위해 팔 걷고 나서는 든든한 베프들입니다. 크게 보면 우리가 알고 있는 do, does, did도 조동사 역할을 할 수 있죠. 오늘은 그중에서도 미래 시제 담당 조동사 will에 집중해 볼게요.

1 I will travel next week. 나는 다음 주에 여행할 거야.
조동사 will만 들어가면 "~할 것이다"는 의미의 아주 심플한 미래 시제 완성!
next week 같은 시간 표현이 붙으면, 미래 분위기 제대로 납니다.

2 He will eat a lot. 그는 많이 먹을 거야.
현재 시제에서는 He eats였지만, will이 붙으면 무조건 동사 원형만 사용해요.
이건 참 편해요. 주어가 누구든 동사 원형 고정!

3 She will be better. 그녀는 더 나아질 거야.
She가 주어인데 is가 아니라 be가 나왔죠? 왜냐고요? will 다음엔 항상 동사 원형이니까요. is는 현재형이고, be는 원형. 그래서 be가 오는 거예요.

4 Will you come here? 너 여기 올 거야?
의문문도 어렵지 않아요. 조동사 will이 문장 맨 앞에 딱!
〈Will + 주어 + 동사 원형?〉 이 구조만 기억하세요.

5 It will not take long. 그건 오래 안 걸릴 거야.
부정문 만들 땐 do/does/did처럼, will 바로 뒤에 not을 붙여주면 됩니다. 줄여서 won't도 자주 써요.

이 정도만 마스터하면 영어로 미래 말하기, 하나도 안 어렵습니다!

초능력 연습 — 초능력을 기르게 해주는 문장 훈련

이제 문법이 살아 숨 쉬고 있는 회화 문장들을 살펴볼까요?
발음에 유의하며 세 번씩 읽어보세요.

스스로 점검해 볼 수 있도록 체크리스트에 체크해 주세요.

01 난 너를 사랑하겠어.

I will love you.
[아위을러v뷰]

> will은 미래에 하겠다는 의지를 나타낸다. 지금 이 순간 마음먹은 의지, 혹은 약속에 가까운 표현이에요.

02 너는 날 볼 것이다.

You will see me.
[유위을씨미]

> see는 "보다"라는 의미지만, 뒤에 me를 빼고 You will see.라고만 한다면 "두고 봐, 두고 보면 알 거야."라는 의미도 가능하다.

03 그는 바쁠 것이다.

He will be busy.
[히위을비비시]

> will 다음에 형용사를 쓸 때에는 is, are가 아닌 be동사를 써준다. 다른 조동사를 쓸 때에도 마찬가지!
> **ex** She can be smart. 그녀는 똑똑할 수도 있다.

04 그들은 늦을 것이다.

They will be late.
[th데이위을비을레잍]

늦을 것을 미리 예상하고 알고 있을 때는 will be를 써주지만, 교통체증 등의 문제로 늦을지 안 늦을지 모를 때에는 They might be late.로 표현할 수도 있다.

05 우리는 먼저 갈 거야.

We will go ahead.
[위위을고어헤드]

go ahead는 "먼저 하다"라는 뜻이며, Go ahead! 자체로 많이 쓰인다. "그렇게 하세요!"라는 의미로도 쓰이고, 때로는 "어디 한번 해봐라!"의 뉘앙스로도 쓰인다.

06 내 아버지는 그것을 아실 것이다.

My father will know it.
[마이f퐈th덜위을노우잍]

will know는 "알 것이다"라고 해석된다. know는 자동사와 타동사가 다 되는 어휘라서 목적어 it이 와도 되고 없어도 된다.

07 너는 곧 오지 않을 것이다.

You will not come soon.
[유위을낱컴쑤운]

soon은 "곧"이라는 뜻의 부사로, 익히 들어 알고 있는 표현으로는 as soon as possible "가능한 한 빨리"가 있다.

초능력 연습 초능력을 기르게 해주는 문장 훈련

08 그들은 그것을 잊지 않을 것이다. ······················· 1st 2nd 3rd

They will not forget it.
[th데이위을낱f폴게맅]

forget it과 같이 앞에 동사 t와 뒤에 모음(a, e, i, o, u)이 붙으면 [ㅌ]이 아니라 [ㄹ] 소리가 난다.
ex You are great at something. [유얼그뤠이렡썸th띵] 너는 뭔가를 아주 잘해.

09 그녀는 곧 죽지 않을 것이다. ······················· 1st 2nd 3rd

She will not die soon.
[쉬위을낱다이쑤운]

die는 "죽다"라는 뜻으로, 높임말 pass away "돌아가시다"는 표현으로 바꿔 쓸 수 있다. 고인의 '고(故)'를 뜻할 때에는 명사 앞에 the late를 붙여준다.
ex the late Mr. Jones 고 존스 씨

10 우리는 시간이 없을 것이다. ······················· 1st 2nd 3rd

We will not have time.
[위위을낱햅v타임]

Do you have time?하면 "시간 있나요?"라는 뜻이지만, time 앞에 the를 붙여서 Do you have the time?하면 "지금 몇 시예요?"로 해석된다.

11 너 여기서 지낼 거니? ······················· 1st 2nd 3rd

Will you stay here?
[위을유스떼이히얼]

stay는 "머물다, 지내다"라는 뜻도 있지만, 〈stay + 형용사〉는 "~한 상태를 유지하다"라는 뜻이 있다.
ex Stay healthy. 건강해야 돼.

12 너 친절할 거니?

Will you be kind?
[위을유비카인ㄷ]

kind는 형용사로 "친절한"의 뜻이지만, 명사로는 "종류"라는 뜻이 있다. 현재 Are you kind? 과거 Were you kind? 미래 시제의 어순을 잘 주목할 것!

13 그들은 열심히 일할 거니?

Will they work hard?
[위을th데이월ㅋ할ㄷ]

hard는 여기서 "열심히"라는 부사로 쓰였다. "열심히 일하다"는 "성실하다"와 의미가 비슷하다. "성실한"이라는 형용사로 쓰려면 hard-working이 좋다.

14 그는 거기서 멈출 거니?

Will he stop there?
[위을히스땁th데얼]

stop처럼 s 다음에 p, t, k가 나오면 강한 된소리가 나는 게 현대 영어이다. speak [스삑], study [스떠디], sky [스까이]가 좋은 예이다.

15 근로자들은 늦게 올 거니?

Will the workers come late?
[위을th더월컬ㅅ컴을레잍]

worker는 "근로자, 노동자"라는 뜻으로, 여기에 co-만 붙이면 coworker "함께 일하는 사람", 즉 "동료"라는 뜻이 된다.

초능력 적용 — 말 터지는 블록 훈련

지금까지 이해한 문장들을 내 입에 착 붙도록 블록 훈련을 해보겠습니다.
기억해두고 싶은 문장이 있다면 체크해 두었다가, 모아서 길게 말하는 훈련을 해보세요!

우리말 문장을 영어로 바꿔 적어보고, 소리 내어 읽어 보세요.

01 시험공부

확실히 for sure

- 나는 네가 지난주에 공부를 열심히 한 것을 안다.
- 내가 전화했을 때 너는 영어를 공부하고 있었다.
- 너는 확실히 시험을 통과할 거다.
- 시험 끝나고 너 다음 주에 뭐 할 거니?

02 세탁기

기능 function
수리하다 fix

- 나는 새 세탁기를 구매했다.
- 그것은 여러 가지 기능이 있다.
- 나는 세탁기를 사용 중이었다.
- 그것이 작동을 멈췄다.
- 나는 어제 서비스 센터에 전화했다.
- 그들이 기계를 오늘 오후에 수리해 줄 거다.

03 착륙

착륙하다 land
안전벨트를 매다 fasten the seatbelt

- 비행기는 10분 뒤에 착륙할 예정입니다.
- 안전벨트를 매세요.
- 비행기가 공항에 착륙하고 있습니다.
- 지시를 따르면 당신은 안전할 겁니다.

04 담배

금연하다
stop smoking

그녀는 담배를 피운다.

흡연은 그녀의 건강에 나쁘다.

그녀도 그것을 안다.

그녀는 금연을 할 거다.

그러나 그건 쉽지 않을 것이다.

05 카메라

사진 찍다
take pictures

너는 사진 찍는 것을 좋아하니?

나는 사람들 사진 찍는 것을 좋아한다.

그리고 나는 필름 카메라를 선호한다.

내 현재 카메라가 고장 났기 때문에,

나는 이번 주말에 나는 새 카메라를 구매할 예정이다.

06 생일

초대하다 invite
~때문에 due to

오늘은 내 생일이다.

나는 생일 파티를 할 거다.

내 친구들을 초대했다.

그들은 6시에 올 거지만,

내 남자 친구는 그의 바쁜 스케줄 때문에 여기 안 올 것이다.

너의 생일은 언제니?

07 놀이공원

놀이공원
amusement park

서울에는 놀이공원이 있다.

나는 다음 주에 그 놀이공원에 갈 거다.

그 롤러코스터는 빠르지만 나는 그것을 탈 것이다.

나는 퍼레이드를 볼 예정이다.

나는 놀이공원에서 즐거운 시간을 보낼 것이다.

149

18

I can come soon?
I can coming soon?

요즘 젊은 세대들 영어 참 잘해요.
어릴 때부터 영어유치원 다니고, 매일같이 학습지로
듣고 말하고 쓰고 읽고 하면서 감각을 키워왔으니까요.
말도 더 유창하고, 표현도 더 다양하죠.
반면, 저의 세대는 영어면접에서든, 발표 자리에서든 I can do it.
이 말 하나로 거의 모든 걸 해결했어요.
뭔가 자신감 있어 보이고, 문장도 짧고 간단하니 말하기도 편하고요.
심지어 입에 너무 익숙해서 영어로 말할 때
무의식적으로 튀어나오는 경우도 많았죠.
그만큼 can이라는 조동사는 영어 초심자들에게는 아주 친숙하고 고마운 친구예요.
표현이 쉽고, 의미도 다양하니 영어의 기본기를 쌓기에 제격이죠.
자, 그럼 다시 can 단원으로 본격 출발해볼까요?
익숙한 표현이더라도 문법적으로 정확하게 이해하고 써야
더 자연스럽고 고급지게 쓸 수 있으니까요.

초능력 원리 ✦ 초능력 쌤의 문법 강의

아무래도 앞에서 소개한 will보다 더 유명하다고 자신 있게 말할 수 있는 조동사가 하나 있습니다. 바로 can입니다. 왜 유명할까요? 이유는 간단합니다. 용도가 정말 다양하기 때문이죠. can의 기본적인 뜻은 "할 수 있다"입니다. 그런데 이 의미 딱 하나만 있는 게 아니에요.

I can walk. 나는 걸을 수 있다.
여기서의 can은 능력을 말해요. 실제로 몸이 아프지 않고 걸을 힘이 있다는 뜻이죠.

I can be late. 나는 지각할 수도 있어.
여기서 can은 가능성을 말합니다. 그럴 가능성이 있다는 거죠.

I can smoke here. 나는 여기서 담배 피울 수 있어.
이 문장에서의 can은 허가, 즉 "허용된다"는 의미입니다.

이렇게 능력, 가능성, 허가. 벌써 세 가지나 되는 뉘앙스를 가진 조동사예요. 그래서 영어 문장에서 정말 자주 눈에 띄는 표현이기도 하죠. 그리고 꼭 기억하셔야 할 문법적인 포인트 하나! can 다음에는 항상 동사의 원형이 온다는 점입니다.
I can do it. → 맞는 문장
I can did it. → 이건 완전히 틀린 문장이에요.
과거형 did를 쓰면 안 되고, 과거 시제로 말하고 싶다면 조동사를 바꿔야 해요. 즉, I could do it. 이렇게 말해야 하죠.

그럼 3인칭 단수일 땐 어떨까요? She can sing.
여기서도 sing은 원형으로 그대로 써야 합니다. 혹시 She can sings.라고 하면 큰일 납니다. 절대 안 되는 표현이에요.

또, 의문문에서는 조동사 can이 문장 맨 앞에 오고, Can you win the game?
이런 식으로 질문이 만들어집니다.

부정문은 어떻게 만들까요? can not을 써주면 되는데, 이건 cannot으로 붙여 쓰기도 하고, can't처럼 줄여 쓰기도 합니다. 예를 들어, I cannot swim. 혹은 I can't swim. 둘 다 괜찮습니다.

초능력 연습 초능력을 기르게 해주는 문장 훈련

이제 문법이 살아 숨 쉬고 있는 회화 문장들을 살펴볼까요?
발음에 유의하며 세 번씩 읽어보세요.

> 스스로 점검해 볼 수 있도록 체크리스트에 체크해 주세요.

01 나는 그것을 끝낼 수 있다. ································· 1st 2nd 3rd

I can finish it.
[아이캔f피니쉬]

"끝내다, 마치다, 종료하다"는 뜻의 finish와 동의어로 end, complete, conclude, finalized 등이 있다. 반대말은 start, begin, initiate 등이 있음을 기억하자.

02 너는 우리와 함께할 수 있어. ································· 1st 2nd 3rd

You can join us.
[유캔죠이너s]

join은 "가입하다, 함께하다"라는 뜻으로, 회원 가입하는 상황에서 많이 보이는 단어다. 같은 뜻으로는 be with가 있다.

03 그는 그것을 집을 수 있다. ································· 1st 2nd 3rd

He can pick it up.
[히캔픽끼럽]

pick up은 "태우러 가다, 집다"의 뜻으로, 〈pick up + 사람〉하면 보통 "차를 태우러 간다"는 뜻으로 쓰이고, 〈pick up + 사물〉이면 "집다"의 뜻으로 쓰인다. 이때, 대명사가 쓰이면, 가운데 위치할 수 있다.

ex pick it up 그것을 집다   pick her up 그녀를 차에 태우다

04 그녀는 그것을 치울 수 있다. ⋯⋯⋯⋯⋯⋯⋯⋯⋯⋯⋯⋯⋯⋯⋯⋯⋯⋯⋯⋯⋯ 1st 2nd 3rd

She can clean it up.
[쉬캔클리니럽]

clean up은 "청소하다"는 뜻으로 많이 쓰이지만, 미국 일상 회화에서 "한몫 챙기다, 거금을 벌다"라는 뜻으로도 쓰인다.

05 그것은 사실일 수도 있다. ⋯⋯⋯⋯⋯⋯⋯⋯⋯⋯⋯⋯⋯⋯⋯⋯⋯⋯⋯⋯⋯⋯ 1st 2nd 3rd

It can be true.
[잍캔비ㅊ루]

true의 명사형은 truth "사실, 진실". true의 t와 r 사이에 모음이 없으므로 [트루]라는 두 글자의 소리가 아닌 [ㅊ루]라는 한 음절의 소리로 내도록 한다.

06 너는 완벽할 수 있다. ⋯⋯⋯⋯⋯⋯⋯⋯⋯⋯⋯⋯⋯⋯⋯⋯⋯⋯⋯⋯⋯⋯⋯ 1st 2nd 3rd

You can be perfect.
[유캔비펄f펙ㅌ]

perfect는 형용사로 "완벽한", 동사로 "완벽하게 하다"는 뜻이 있다. 우리말로는 '퍼펙트'로 표기하고 발음하지만, 영어로는 [펄f펙ㅌ]로 발음해주자.

07 우리는 일본어를 말할 수 없다. ⋯⋯⋯⋯⋯⋯⋯⋯⋯⋯⋯⋯⋯⋯⋯⋯⋯⋯⋯ 1st 2nd 3rd

We cannot speak Japanese.
[위캔낱스삑제빼니ㅅ]

speak Japanese "일본어를 말하다"와 speak in Japanese "일본어로 말하다"는 다른 뜻이 아니다. 어느 경우를 써도 괜찮다.

초능력 연습 초능력을 기르게 해주는 문장 훈련

08 그들은 움직일 수 없다. ··· 1st 2nd 3rd

They cannot move.
[th데이켄낱뭅v]

move, move!를 [무브 무브]라고 외쳤던 무한도전 멤버들의 발음을 따라하면 안된다. 이 단어는 단순히 [뭅v 뭅v]라고 발음될 뿐이다.

09 나는 어떤 것도 말할 수 없다. ··· 1st 2nd 3rd

I cannot say anything.
[아이캔낱쎄이애니th띵]

I cannot say anything.과 I can say nothing.은 똑같은 말이다. I don't know anything.과 I know nothing.이 같은 말이듯이. 하지만 I don't know nothing.은 오류!

10 개들은 손을 사용할 수 없다. ··· 1st 2nd 3rd

Dogs cannot use their hands.
[덕ㅅ캔낱유ㅅ핸ㅈ]

hand에 -s를 붙이는 이유는 손은 두 개니까! eyes도 눈은 두 개니까! 그 밖에 glasses "안경", shoes "신발" 등도 -s를 꼭 붙여주는 복수형 단어이다.

11 환전할 수 있나요? ·· 1st 2nd 3rd

Can I exchange money?
[캐나이익쓰체인ㅈ머니]

exchange는 동사로는 "바꾸다, 교환하다"라는 뜻으로, exchange money하면 "환전하다"가 된다. 명사로는 "교환"이라는 뜻으로, exchange rates 직역하면 "교환 비율"이라 해서 "환율"이란 뜻이다.

12 저를 도와줄 수 있나요?

Can you help me?
[캔유헤읖미]

help의 발음은 [헬프]가 아니고 [헤읖]의 빠른 소리여야 한다. 이 발음이 아니면, 물에 빠져도 구해주러 오는 사람 그리 많지 않을지도 모른다.

13 그들은 곧바로 답장할 수 있니?

Can they reply soon?
[캔th데이뤼플라이쑤운]

온라인에서 '리플'이라고 하는 것이 이 단어에서 생긴 것이다. 비슷한 의미의 respond는 "응답하다, 답장하다"라는 뜻으로 명사형은 response"응답, 답장"이다.

14 우리 처음부터 시작할 수 있나요?

Can we start first?
[캔위스딸ㅌ f펄스ㅌ]

first는 "첫 번째"라는 뜻의 one을 서수로 쓴 단어이다. 1-3까지는 first, second, third로 규칙이 없고, fourth "네 번째"부터는 기수 뒤에 -th만 붙여주면 된다.

15 그것이 쉬울 수 있니?

Can it be easy?
[캐닡비이시]

easy는 "쉬운"이라는 형용사로, 반대되는 말은 difficult "어려운"이다. easy-going하면 "성격이 무난한, 느긋한"이라는 뜻의 형용사가 된다.

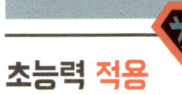

초능력 적용 — 말 터지는 블록 훈련

지금까지 이해한 문장들을 내 입에 착 붙도록 블록 훈련을 해보겠습니다.
기억해두고 싶은 문장이 있다면 체크해 두었다가, 모아서 길게 말하는 훈련을 해보세요!

> 우리말 문장을 영어로 바꿔 적어보고, 소리 내어 읽어 보세요.

01 복권

복권 lottery ticket
완전히 completely

- 나는 지난주에 복권을 샀다.
- 나는 그 복권에 당첨됐다.
- 나는 믿을 수 없다.
- 내 삶은 완전히 달라질 거다.
- 너는 이게 믿기니?

02 소풍

가장 좋은 장소
the best place

- 한강은 소풍으로 가장 좋은 장소다.
- 날씨는 완벽하다.
- 나는 소풍 음식을 준비하고 있는 중이다.
- 나는 오후에 너를 데리러 갈 수 있다.
- 우리랑 함께 갈래?

03 피아노

레슨을 받다
take lessons
연습하다 practice

- 나는 피아노를 칠 수 있다.
- 내가 어렸을 때 피아노 치는 것을 배웠다.
- 나는 요즘 피아노 레슨을 받고 있는 중이다.
- 나는 거의 매일 연습한다.
- 나는 그것을 좀 더 잘할 것이다.

04 저축

저축하다 save
쓰다, 소비하다 spend

나는 돈을 저축하고 있다.

돈은 내 인생에서 중요하다.

나는 보통 많은 돈을 쓰지 않는다.

난 새로 집을 살 거다.

05 집안일

설거지하다
do/wash the dishes
빨래하다 do laundry

내 남동생은 설거지를 하지 않는다.

내가 설거지를 한다.

내 남동생은 보통 빨래를 한다.

동생은 오늘 영어공부를 한 후
빨래를 할 것이다.

우리는 같이 거실을 청소할 수 있다.

06 영어회화

~을 잘한다
be good at
~로 떠나다
leave for

그녀는 영어로 유창하게 말할 수 있다.

그녀는 오랫동안 영어공부를 했다.

과거에는 영어로 말할 수 없었다.

지금 그녀는 영어회화를 잘한다.

그녀는 내일 미국으로 떠날 것이다.

07 책

서점 bookstore
빌리다 borrow

나는 종종 서점에서 책을 구매한다.

나는 많은 책을 가지고 있다.

너는 한 달에 책을 몇 권 읽니?

네 책을 좀 빌릴 수 있니?

나한테 책을 추천해줄 수 있니?

19

I should study English?
I should to study English?

Shall we dance?
영화 좋아하시는 분이라면 한 번쯤 들어보셨을 명대사죠?
여기 나오는 shall은 그냥 문어체 느낌의 단어가 아닙니다.
조동사로, 상대방에게 뭔가를 권유할 때 아주 멋지게 쓰이는 표현이에요.
예를 들어 Let's go.라고만 해도 물론 충분히 의미 전달은 되죠.
그런데 거기에 Shall we?를 붙여서 Let's go, shall we? 라고 하면,
말투가 훨씬 부드럽고 자연스럽죠? 뭔가 같이 하자는 제안이 더 공손하게 들립니다.
그리고 재미있는 사실 하나 더 알려드릴게요. 이 shall의 과거형이 바로 should입니다.
그래서 우리가 앞에서 공부한 should "~해야 한다"는 표현도 여기서 나온 거예요.
근데 여기서 중요한 건, should는 과거형이지만 '당위'의 의미는 현재 시점에서도
사용된다는 점이에요. 예를 들어, You should see a doctor.는
"너 병원 가야 해."라는 말인데, 지금 해야 할 일에 대해 말하고 있는 거죠.
영어는 조동사만 잘 써도 말이 살아납니다.
will, can, should 이 세 가지 조동사만 잘 다뤄도 일상회화,
멋지게 요리할 수 있어요. 너무 많이 하려고 하지 마시고요,
자주 쓰이는 것부터 자주 말해보세요.

초능력 원리 — 초능력 쌤의 문법 강의

should는요, 시험에서 빠지면 섭섭할 정도로 자주 출제되는 조동사입니다. 그래서인지 문법책에서는 'should를 생략해야 하나? 말아야 하나?' 고민하게 만드는 문장도 종종 나오죠.

자, 그럼 should의 기본 의미부터 찬찬히 짚고 가볼게요. 가장 많이 쓰이는 뜻은 바로 "~해야 한다"입니다. 우리말로도 너무 익숙한 표현이죠. 그런데 많은 분들이 must나 have to를 더 자주 접해서 그런지, should보다는 그쪽에 익숙해져 있더라고요. 물론 must나 have to도 "~해야 한다"는 뜻이긴 합니다. 하지만 문제는 말투가 너무 세다는 거예요. 가령 친구에게 "너 지금 가야 돼."라고 할 때, must나 have to를 쓰면 상대가 살짝 기분 상할 수도 있어요. 명령처럼 들리거든요. 그럴 땐 should를 쓰는 게 딱 좋아요. 말투도 부드럽고, 듣는 사람도 부담 없이 받아들이게 됩니다.

자, 그럼 예문으로 연습해볼까요?
I should eat now. 나는 지금 먹어야 해.

이번엔 부정문도 가볼게요.
I should not eat now. 나는 지금 먹으면 안 돼.

그럼 이제 의문문! 말투만 살짝 바꾸면 되죠?
Should you eat now? 너 지금 먹어야 하니?

보셨죠? 문장 구조도 간단합니다.
3인칭 단수 주어가 와도 동사에 -s 같은 거 안 붙여요. 부정문이나 의문문도 다른 조동사와 똑같이 should 다음에 그냥 동사 원형 쓰면 끝! 이쯤 되면 조동사 들어간 문장이 오히려 예외 없이 깔끔하고 편하다는 생각 드실 겁니다.

그리고 우리 앞 단원에서 배운 문장들, 기억나시죠?
I will do it. 나 할 거야.
I can do it. 나 할 수 있어.
I should do it. 나 해야 해.

이 세 마디만 입에 붙여도요, 당당하고 멋있는 문장 만들 수 있습니다. 가볍게라도 입으로 여러 번 말해보세요. 연결해서 말하면 훨씬 자연스럽고 자신감 있는 표현이 됩니다.

초능력 연습 — 초능력을 기르게 해주는 문장 훈련

이제 문법이 살아 숨 쉬고 있는 회화 문장들을 살펴볼까요?
발음에 유의하며 세 번씩 읽어보세요.

스스로 점검해 볼 수 있도록 체크리스트에 체크해 주세요.

01 너는 집중해야 해.

You should focus.
[유슢f포꺼스]

> focus는 뒤에 on 전치사가 주로 붙어 "~에 집중하다"라는 뜻으로 쓰인다. "초점"이라는 뜻의 명사로도 쓰이는데, It's out of focus.하면 "초점이 잡히지 않는다."라는 뜻이 된다.

02 우리는 들어야 한다.

We should listen.
[위슢을리쓴]

> listen은 뒤에 어떤 전치사가 오느냐에 따라 뉘앙스가 살짝 달라진다. listen to는 "~를 듣다"이고, listen in on은 "(대화를) 엿듣다"라는 뜻이다.

03 그들은 깨야 한다.

They should break.
[th데이슢브레이크]

> break는 명사로 쓰이면 "휴식"이라는 뜻이 있다. brake "자동차 브레이크"와 발음은 똑같으나, 의미와 철자가 다르니 주의한다.

04 나는 조심해야 한다.

I should be careful.
[아이슏비케얼f풀]

careful은 "조심스러운, 주의 깊은"이라는 뜻으로, Be careful! "조심해!"라는 명령어로도 자주 쓰인다. 유의어로는 cautious "조심성 있는, 신중한"이 있고 [커셔씨]로 읽는다.

05 그는 빨라야 한다.

He should be quick.
[히슏비쿠익]

quick은 "빠른"이라는 뜻으로, 우리말에 '퀵서비스'라고 하는 것도 이 quick이다. [퀵]이 아니라 [쿠익]하고 발음해주는 게 더 정확하다.

06 비가 와야 해.

It should be rainy.
[잍슏비뤠이니]

rainy는 "비가 오는"이란 형용사이고, rain은 "비"라는 명사 혹은 "비가 오다"라는 동사로 쓰인다. 그래서, be 동사 다음에는 rainy 혹은 raining이 와야 한다. It is rain.은 옳은 문장이 아니다.

07 나는 서두르지 말아야 한다.

I should not hurry up.
[아이슏낱헐위업]

hurry에서 r의 [ㄹ]은 잘 안 들린다. "돌진하다, 급히 행동하다"는 의미의 rush와 동의어이다.
ex You don't need to rush. 서두르지 않아도 돼.

초능력 연습 | 초능력을 기르게 해주는 문장 훈련

08 너는 준비하지 말아야 한다.

You should not get ready.
[유슏낱겔뤠리]

ready를 동사로 잘못 알고 있는 사람이 많다. 형용사이다. 그래서 동사로 활용하고 싶으면 be 혹은 get이 와서 동사화를 도와줘야 한다.

09 그는 직장을 관두지 말아야 한다.

He should not quit the job.
[히슏낱쿠잍th더잡]

quit과 stop은 완벽한 동의어이다. 이다음에 명사가 오는 것이 당연하므로, 동사가 올 때는 -ing 형태로 쓰는 것이 90% 이상 맞다.
ex Quit smoking. 담배 끊어.   Stop talking. 이야기 그만해.

10 그들은 늦게 오지 말아야 한다.

They should not come late.
[th데이슏낱컴을레잍]

appointment "약속"에, come late "늦게 오는 것은", what we should not do "우리가 해서는 안 될 것"이다.
ex Don't be late. 늦지 마.   Be on time. 제 시간을 지켜.

11 내가 그것을 다시 봐야 하니?

Should I review it?
[슈라이뤼v뷰잍]

Should I를 같이 발음할 땐 [슈라이]로 발음한다. [슈드아이]로 또박또박하면 안 된다. 다른 조동사의 경우도 Could I는 [쿠라이], Would I도 [우라이]로 발음한다.

12 그녀는 그것을 만들어야 하니?

Should she make it?
[슏쉬메이낃]

이 문장에서 make it은 "그것을 만들다"라고 해석되었지만, 실생활에서 make it은 "그것을 해내다"라는 뜻으로 자주 쓰이기 때문에, "그녀는 그것을 해내야 하니?"라는 뜻도 있다는 것을 알아두자.

13 우리는 그에게 지금 말해야 하니?

Should we tell him now?
[슏위테을림나우]

tell him을 같이 발음하게 되면, him의 h 소리가 약해진다. 그래서 [테을림]으로 [ㄹ]처럼 들리게 된다.

14 그는 여기 앉아야 하니?

Should he sit here?
[슈리씯히얼]

sit은 "앉다"라는 뜻으로, sit-sat-sat으로 변한다. 과거형과 과거분사형이 같은 불규칙 동사로는 "말하다" say-said-said, "이기다" win-won-won, "말하다" tell-told-told 등이 있다.

15 그것은 더 부드러워야 하니?

Should it be softer?
[슈맅비쏩f털]

soft는 촉감이 좋다는 의미이고, smooth는 거침없이 고른 상태를 나타내는 뜻이므로 구분하자. 아이스크림은 soft하고, 프로젝트는 smooth하게 흘러간다.

초능력 적용 — 말 터지는 블록 훈련

지금까지 이해한 문장들을 내 입에 착 붙도록 블록 훈련을 해보겠습니다.
기억해두고 싶은 문장이 있다면 체크해 두었다가, 모아서 길게 말하는 훈련을 해보세요!

우리말 문장을 영어로 바꿔 적어보고, 소리 내어 읽어 보세요.

01 정원 가꾸기
돌보다, 가꾸다 take care of

우리 집에는 넓은 정원이 있다. _____
나는 정원을 가꾸는 것에 관심이 있다. _____
나는 매주 TV로 정원 가꾸기 프로그램을 본다. _____
나는 정원을 가꾼다. _____

02 보고서
제출하다 submit
제시간에 on time

나는 제시간에 보고서를 제출해야 해. _____
제출 기한은 6월 1일이야. _____
나는 제출 기한을 맞추지 못할 것 같아. _____
나 좀 도와줄래? _____

03 방학
계획하다 plan

겨울방학은 길다. _____
너는 겨울방학을 계획해야 한다. _____
이번 방학에 뭐 할 거니? _____
방학은 지난주부터 시작됐다. _____
나는 우리 가족과 함께 할머니 댁에 방문할 거다. _____

04 주차

인도 sidewalk
주차장 parking lot

주차 공간이 없다.

너는 인도에 주차하면 안 된다.

내가 주차할 곳을 찾아볼게.

제일 가까운 주차장이 어디에 있지?

05 피곤

밤새다
stay up all night

너 많이 피곤해 보인다.

너 밤을 샜니?

왜 그렇게 피곤해 보이니?

너는 일찍 자야 한다.

내가 도와줄게.

06 비타민

예방하다 prevent
풍부한 rich

너는 많은 과일과 야채를 섭취해야 한다.

너는 감기 걸리는 것을 예방할 수 있다.

나는 건강을 유지하기 위해 비타민C를 섭취한다.

오렌지는 비타민C가 풍부하기 때문에 그것들도 좋다.

07 학생증

지갑 wallet
학생증 student ID
가지고 가다 take

나는 내 지갑을 잃어버렸다.

내 학생증은 지갑 안에 있다.

학교 도서관에 가기 위해서 학생증을 가지고 가야 한다.

나는 어떻게 해야 할까?

어디서 새것을 발급받을 수 있지?

20

Have you ever gone to Paris?
Have you ever been to Paris?

중·고등학교 시절, 영어 수업 시간에 한 번쯤은 이런 질문 받아보셨을 거예요.
이 두 문장 중, "파리에 가 본 적 있니?"라는 경험을 묻는 문장은 과연 어느 쪽일까요?

(1) Have you ever been to Paris?

(2) Have you ever gone to Paris?

학생 때는 이걸 구분하는 게 참 어려웠죠. 헷갈릴 수밖에 없는 게,
둘 다 현재완료형이고, 동사도 비슷하게 생겼거든요.
그런데 실제로는 뜻이 꽤 다릅니다.
been을 쓰면 '갔다가 돌아온 상태',
gone을 쓰면 '가서 아직 안 돌아온 상태'.
즉, 누군가에게 "너 파리에 가본 적 있어?"라고 묻고 싶다면,
그 사람은 지금 여기 있는 상태잖아요?
그럼 당연히 돌아온 상태여야 하니까 been이 정답입니다.
누군가의 여행 경험을 묻고 싶다면 꼭 기억해두세요.
이 문장 하나만 정확히 익혀둬도,
현재완료의 '경험'은 거의 마스터했다고 보셔도 됩니다.

초능력 원리 — 초능력 쌤의 문법 강의

영어 시제 공부하면서 "이제 좀 감 오는데?" 싶을 때쯤, 갑자기 불쑥 튀어나오는 골치 아픈 녀석이 하나 있죠. 바로 '현재완료'라는 시제입니다. 생긴 것도 낯설고, 의미도 많고, 심지어 말할 때는 소리도 잘 안 들려서 더 헷갈리게 만들죠.

하지만 너무 걱정 마세요. 이번에는 현재완료가 가지고 있는 의미 중에서도, 정말 자주 쓰이고 꼭 알아야 하는 것은 '경험'입니다. 나머지는 몰라도 당장 말하고 듣는 데는 큰 문제가 없답니다. 그럼, 꼭 필요한 포인트만 쏙쏙 정리해드릴게요.

먼저, 현재완료의 기본 구조는 〈have + 과거분사〉입니다. 여기서 문제는 바로 이 과거분사라는 놈이죠. 보통 동사 변화의 3번째 형태라고 부르기도 하는데요, 우리에게 익숙한 과거형(went, saw, ate)과는 또 다른 형태들이 많아서 처음엔 많이 낯설 거예요. 하지만 따로 표를 만들어 달달 외우기보단, 예문으로 접할 때마다 하나씩 익혀가면 훨씬 자연스럽게 익힐 수 있습니다.

예를 들어 볼게요.
I have seen it. 나는 그걸 본 적이 있어. → 여기서 seen은 see의 과거분사입니다.
I have had it. 나는 그걸 가져 본 적이 있어. → have의 과거분사는 역시 had예요.

자, 그럼 현재완료가 어떤 개념인지 다시 짚어봅시다. 현재완료는, 과거의 일이긴 한데 지금 이 순간까지 영향을 주고 있거나, 지금 이 순간까지 포함되는 시간 범위 안에서 일어난 일을 표현할 때 쓰는 시제예요.

I went there yesterday. 나는 어제 거기 갔어.
→ 이건 단순한 과거 시제로 어제 '딱 그 순간'에 있었던 일을 말합니다.
I have been there. 나는 거기 가본 적 있어.
→ 현재완료를 사용하면, 과거 어느 한 시점이 아니라 지금까지 살아오며 한 번쯤 그런 경험이 있다는 뜻이 됩니다.

이해는 되셨죠? 완벽히 외우지 않아도 괜찮아요. 문장을 보면서 감을 익히다 보면 자연스럽게 입에 붙습니다. 계속 예문으로 연습하며 하나씩 내 것으로 만들어 보세요.

초능력 연습 초능력을 기르게 해주는 문장 훈련

이제 문법이 살아 숨 쉬고 있는 회화 문장들을 살펴볼까요?
발음에 유의하며 세 번씩 읽어보세요.

스스로 점검해 볼 수 있도록 체크리스트에 체크해 주세요.

01 나 전에 여기 와본 적 있어.

I have been here before.
[유아이햅v빈th데얼비f포올]

〈have been + 장소〉는 그 장소에 가본 경험을 말할 때 사용한다. here 말고 특정한 장소가 나온다면 전치사 to를 붙여주자.

02 나는 널 기다려왔어.

I have waited for you.
[아이햅v웨이릳f폴유]

waited for you는 "너를 기다렸어"라는 뜻이고, have waited for you는 "너를 계속 기다려왔어"라는 뜻으로 과거부터 현재까지 기다린 상태를 강조할 때 사용한다.

03 나는 열심히 노력해왔다.

I have tried hard.
[아이햅v츠롸읻할ㄷ]

try hard는 "열심히 노력하다"라는 뜻으로, 여기서 hard는 "단단한"이라는 형용사가 아니라, "열심히"라는 부사로 쓰였다.

04 너는 아파왔다.

You have been sick.
[유햅v빈씩]

sick은 "아픈"이라는 형용사로, ill과 비슷하지만 ill은 sick보다 더 심하게 아플 때 쓰인다.

05 너는 놀라게 해왔다.

You have been surprising.
[유햅v빈썰프롸이징]

surprising이냐 surprised냐 고민되는 문장인데, 주어 you가 놀라움을 주는 사람이면 surprising을, 받는 사람이면 surprised를 쓴다.

06 그는 서울에 도착했다.

He has arrived in Seoul.
[히해서롸이v브딘서울]

has arrived를 붙여서 말하면 has의 -s와 arrived의 a-가 붙어서 [서]를 만든다. 그래서 [해서롸이v브ㄷ]가 된다.

07 그녀는 그 프로젝트를 끝냈다.

She has finished the project.
[쉬해ㅅf피니쉴th더프뤄젝ㅌ]

project는 우리말로 [프로젝트]로 발음하지만, 영어로 발음할 때 t는 있는 듯 없는 듯 [프뤄젝ㅌ]로 발음해주자.

초능력 연습 — 초능력을 기르게 해주는 문장 훈련

08 우리는 늦게 저녁을 먹었다. ·· 1st 2nd 3rd

We have eaten dinner late.
[위햅v잍은디널을레잍]

> have 다음에는 과거분사가 오기 때문에 "먹다"의 현재형 eat도, 과거형 ate도 아닌, 과거분사 eaten을 사용했다.

09 우리는 오래된 컴퓨터를 사용해왔다. ··· 1st 2nd 3rd

We have used an old computer.
[위햅v유ㅅ던올ㄷ컴퓨럴]

> old와 같이 a, e, i, o, u 모음으로 시작하는 단어는 부정관사를 붙여줄 경우 an을 사용한다.
> **ex** an apple, an egg, an idea, an orange, an umbrella

10 그들은 오랫동안 가까이 지내왔다. ··· 1st 2nd 3rd

They have been close for long.
[th데이햅v빈클로ㅅ을롱]

> close는 형용사로 "가까운, 친한"이란 뜻이지만, 동사로는 "닫다"이다.
> **ex** It is close. 그것은 가깝다.
> It is closed. 그것은 닫혔다.(수동태)

11 그들은 도시에서 지내왔다. ·· 1st 2nd 3rd

They have stayed in the city.
[th데이햅v스떼이딘th더씨리]

> in the city의 in은 "도시 안에" 보다 "도시에서"라고 해석하는 것이 자연스럽다. city의 규모가 인력으로 한 번에 보이지 않는 것이라 전치사 in을 쓰는 것이다.

12 오랜만이다.
It has been a long time.
[이래ㅅ비너을롱타임]

직역하면 "오랜 시간이 되었다."인데, 결국 오랜만이라는 뜻이다. 같은 의미로 Long time no see.도 자주 쓰인다.

13 그것은 오랫동안 지속되었다.
It has lasted for a long time.
[이래슬래스띤f폴어을롱타임]

last는 "지속되다"라는 뜻의 동사이나, "마지막"이라는 명사나 "마지막으로"라는 부사로도 쓰인다. 여기서는 동사로 쓰였다.

14 우리 아빠는 이상해왔다.
My dad has been weird.
[마이댇해ㅅ빈위얼ㄷ]

weird는 "이상한, 괴짜 같은"이라는 부정적인 뜻이나, 요즘에는 "개성 있는, 독특한 매력이 있는, 평범하지 않아서 재미있는"이라는 뜻으로도 쓰인다.

15 민수는 여기에 온지 1년이 되었다.
Minsoo has been here for a year.
[민수해ㅅ빈히얼f폴어이얼]

직역하면 "민수는 여기에 1년 동안 있어왔다."인데, 결국 여기에 온지 1년이라는 뜻이다. one year보다 a year이 "1년"을 나타내는 표현으로 더 많이 쓰인다. 관사 a가 "하나"라는 의미로 일상 회화에서는 더 유용하다.

초능력 적용 — 말 터지는 블록 훈련

지금까지 이해한 문장들을 내 입에 착 붙도록 블록 훈련을 해보겠습니다.
기억해두고 싶은 문장이 있다면 체크해 두었다가, 모아서 길게 말하는 훈련을 해보세요!

우리말 문장을 영어로 바꿔 적어보고, 소리 내어 읽어 보세요.

01 유럽

풍경 landscape

- 유럽에 가본 적 있니?
- 나는 유럽에 가본 적이 없다.
- 나는 프랑스로의 여행에 관심이 있다.
- 유럽은 매우 아름다운 풍경을 가지고 있다.

02 뮤지컬

뮤지컬 musical

- 나는 뮤지컬 '캣츠'를 봤어.
- 그것은 내가 가장 좋아하는 뮤지컬이야.
- 이번이 내가 뮤지컬을 본 것이 처음이야.
- 너는 다른 유명한 것들을 본 적 있니?
- 뮤지컬을 좀 추천해줄 수 있니?

03 저녁 식사

예약하다 make a reservation

- 나랑 저녁 먹을래?
- 너는 먹었니?
- 미안. 그럼 내일 저녁 같이 먹을 시간 있어?
- 내가 식당 예약할게.

04 취업

실업
unemployment

나는 아직 직장을 구하지 못하고 있다.

우린 심각한 실업문제를 가지고 있다.

너는 직장 구했어?

너 언제 취직했니?

난 내 미래가 걱정된다.

나는 지금 뭘 공부해야 할까?

05 아픔

심해지다 get worse
병원에 가다
see a doctor

난 지난주부터 계속 아파왔다.

점점 심해지고 있다.

나는 곧 병원에 가야 한다.

나는 주사 맞는 것을 좋아하지 않아.

06 기부

기부하다 donate
자선 단체 charity

나는 유니세프에 돈을 기부해오고 있다.

그것은 아프리카의 굶주리는 아이들을 위한 것이었다.

그들을 도울 수 있는 많은 방법들이 있다.

내 여동생과 나는 자선 단체에 헌 옷을 기부할 수 있다.

07 염색

염색하다 dye
~와 헤어지다
break up with

염색해 본 적 있니?

샐리는 최근에 남자 친구랑 헤어졌다.

그녀는 금발로 염색했다.

어쨌든, 염색한 머리를 관리하는 것은 어려워.

21

I wait here for 1 hour?
I have waited here for 1 hour?

우리말에서는 과거와 현재완료의 구분이 느슨한 편입니다.
예를 들어 '너를 기다려왔어'와 '너를 기다렸어'는 둘 다 자연스럽고,
상황에 따라 의미 차이가 있긴 하지만 크게 오해를 불러일으키지는 않죠.
그런데 영어에서는 그 구분이 훨씬 더 명확하게 작동합니다.

I waited for you.
→ 과거의 어느 특정한 시점(어제, 한 시간 전 등)에 기다렸다는 말입니다.

I have waited for you.
→ 지금 이 순간까지 기다림이 이어졌다는 뜻이에요.
쭉, 계속 기다려왔다는 느낌이죠.

여기서 문제가 되는 건, 영어를 말하거나 들을 때 그 미묘한 차이가
잘 안 느껴진다는 거예요. have라는 단어가 소리 내면 약하게 들리거나
생략되기도 하니까 I waited와 I've waited가 거의 같은 소리로 들릴 수 있습니다.
게다가, 우리는 평소에 한국어로도 시제에 크게 예민하지 않기 때문에,
이런 작은 차이를 "무시하고 넘어가도 되지 않나?" 생각하기 쉽습니다.
그래서 이참에 현재완료와 과거 시제의 구별,
현재완료의 대표적인 의미(경험, 연속),
그리고 그 시제를 결정짓는 부사들까지 확실히 잡고 가자고요.

초능력 원리 — 초능력 쌤의 문법 강의

현재완료형이 가지는 가장 대표적인 두번째 의미는 '연속'입니다. "지금까지 쭉 ~해오고 있다"라는 뜻이죠. 이건 단순한 과거랑은 전혀 다른 느낌이에요.

철수: 너 좋아 보이는데.
영수: 운동했지.

영수의 대답을 영어로 바꿔보겠습니다. 다음 중 어떤 문장이 가장 자연스러울까요?
1. I work out.   2. I worked out.
3. I have worked out.   4. I will work out.

눈치 채셨나요? 단순히 "한 번 운동했다"는 느낌이면 2. I worked out이 맞지만, 운동해 온 시간, 즉 "최근 계속 운동해 왔다"는 의미를 담고 싶다면, 3. I have worked out. 이게 정답입니다.

좀 더 비교해볼까요?
I watched TV yesterday. 나는 어제 TV를 봤다.
→ 어제라는 딱 정해진 시점, 거기서 끝! 그래서 시제는 그냥 단순 과거
I have watched TV until now. 나는 지금까지 TV를 봐왔다.
→ 과거부터 지금 이 순간까지 계속 이어진 시간, 그래서 시제는 현재완료

이 두 문장은 시제가 달라지면서, 말하는 사람의 의도와 느낌도 달라지는 거죠.

자, 여기서 중요한 포인트 하나 더! 시제를 결정짓는 데 부사가 결정적인 역할을 합니다.

■ 과거 시제와 쓰이는 부사

yesterday 어제, last week 지난 주, a day ago 하루 전 등

■ 현재완료와 쓰이는 부사

recently 최근에, since ~이래로, for ~동안에, until now 지금까지 등

이렇게 부사의 힌트만 잘 잡아도 시제는 절반은 맞춘 겁니다. 현재완료가 어렵게만 느껴졌다면, 이제는 조금 감이 오시죠? "이 일이 과거에 끝났는가, 지금까지 이어졌는가?" 이 기준으로 구별하시면 훨씬 수월해집니다.

초능력 연습 — 초능력을 기르게 해주는 문장 훈련

이제 문법이 살아 숨 쉬고 있는 회화 문장들을 살펴볼까요?
발음에 유의하며 세 번씩 읽어보세요.

스스로 점검해 볼 수 있도록 체크리스트에 체크해 주세요.

01 나는 뉴욕을 가본 적이 없다.

I have not been to New York.
[아이햅v낱빈투뉴욜ㅋ]

"~에 가본 경험이 있다"를 말할 때에는 have gone to가 아니라 have been to를 쓴다. gone은 가서 아예 돌아오지 않는 경우에 쓴다.

02 너는 바쁘지 않았다.

You have not been busy.
[유햅v낱빈비시]

현재완료는 〈have/has + 과거분사〉가 기본 형태이다. be 동사가 쓰였다면 과거분사인 been을 사용하여 have/has been이 되어야 한다. 부정어 not은 have/has 뒤에 위치한다.

03 그는 아직 시작하지 않았다.

He has not started yet.
[히해ㅅ낱스따알딛옡]

start는 목적어로 to 부정사와 -ing 동명사 형태 모두 취할 수 있는 욕심쟁이다.
ex It started to rain. 비가 오기 시작했다.
　　It started raining. 비가 오기 시작했다.

04 우리는 행복하지 않았다. 　　　　　　　　　　　　1st　2nd　3rd

We have not been happy.
[위햅v낱빈햅삐]

happy는 "행복한"이라는 뜻의 형용사로 가장 많이 사용하지만, 전치사 with/about과 함께 사용하면 "마음에 드는, 만족스러운"이라는 의미도 있음을 꼭 알아두자.
> **ex** I am happy with my new car. 나는 내 새 차가 마음에 들어.

05 그들은 그 영화를 본 적이 없다. 　　　　　　　　　　1st　2nd　3rd

They have not seen the movie.
[th데이햅낱씬th더무v비]

movie와 함께 쓰는 동사는 see도 되고 watch도 올 수 있다. see의 과거분사형은 뒤에 -n을 붙인 seen. 과거형은 saw다.

06 너와 나는 그 일을 끝내지 못했다. 　　　　　　　　　　1st　2nd　3rd

You and I have not finished the work.
[유에나이햅v낱f피니쉴th더월ㅋ]

"완료하다, 끝마치다"는 의미의 finish 대신 finalize와 complete도 동의어로써 암기해두자. 특히, complete은 형용사로 "완벽한, 완료된"이라는 의미로도 자주 쓰인다.

07 내 가족은 여행을 즐겼다. 　　　　　　　　　　　　　1st　2nd　3rd

My family has enjoyed the trip.
[마이f풰므을리해ㅅ인죠일th더츠립]

enjoy는 목적어로 명사와 -ing 동명사만 가질 수 있다.
> **ex** My family has enjoyed to travel. (X)
> 　　My family has enjoyed traveling. (O)

초능력 연습 - 초능력을 기르게 해주는 문장 훈련

08 너 제주도 가본 적 있니?
Have you ever been to Jeju Island?
[해v뷰에v벌빈투제주아일랜ㄷ]

> ever는 "이전에"라는 뜻으로, 경험을 강조하고 싶을 때 사용한다. never "한 번도 ~않은", before "전에", so far "지금까지" 등 현재완료와 짝꿍이 되는 표현들도 이번 기회에 살펴보자.

09 그녀는 그를 본 적 있니?
Has she ever dated him?
[해쉬에v벌데이릳힘]

> has와 she가 만나면 [해스쉬]가 아니라 [해쉬]가 된다. 앞 단어의 끝 자음과 다음 단어의 첫 자음이 같거나 비슷할 경우, 그 자음을 두 번 발음하지 않고 한 번만 발음한다.
> **ex** want to [원투]   this Sunday [th디썬데이]

10 내가 너한테 전에 말한 적 있니?
Have I ever told you before?
[해v바이에v벌톨쥬비f포올]

> told는 tell의 과거분사형으로, d는 거의 들리지 않는다. 뒤에 이어지는 you의 y와 합쳐져 [ㅈ] 소리가 난다.

11 우리 어딘가에서 만난 적 있나?
Have we ever met somewhere?
[해v뷔에v벌멭썸웨얼]

> somewhere은 "어딘가에", anywhere은 "어디에, 어디든", nowhere은 "아무데도"라는 뜻이다. 하나 더, 이들은 부사이니, go와 쓰일 때는 to가 필요 없다.
> **ex** We didn't go anywhere yesterday. 우리는 어제 어디에도 가지 않았어.
> = We went nowhere yesterday. 우리는 어제 아무데도 가지 않았어.

12 그게 문제가 된 적이 있니?

Has it ever been a problem?
[해쉬에ㅂ벌비너프뤄블럼]

problem과 trouble은 "문제"라는 뜻의 동의어이다. trouble은 셀 수 없는 명사인 반면, problem은 셀 수 있어 관사가 필요하다.
- **ex** I am in big trouble. 나는 큰 문제에 처해 있어.
  I have a big problem. 나는 큰 문제가 생겼어.

13 그 시험이 어려웠던 적 있니?

Has the test ever been difficult?
[해ㅅth더테스ㅌ에ㅂ벌빈디f피커을ㅌ]

test의 동의어 exam의 발음 좀 살펴보자. exam을 [이그잼]이라고 하지 말자. x 발음 끌지 말고 [익샘]으로 하자.

14 우리 전에 만난 적 없나요?

Haven't we met before?
[해ㅂ븐ㅌ위멭비f포올]

로맨틱 영화 대사 같은 문장이다. have와 not이 합쳐지면 haven't가 되고, 발음은 [해ㅂ븐ㅌ]로! [ㅌ] 소리는 거의 나지 않게 주의하자.

15 너는 최근에 행복했던 적 없니?

Haven't you been happy lately?
[해ㅂ븐츄빈햅삐을레잍을리]

lately는 recently와 같이 "최근에"라는 뜻을 가진 부사이다. 흔히 "늦은"이라는 뜻의 형용사로만 생각하는 late는 부사도 late이며 "늦게"라는 뜻을 가진다.
- **ex** He arrived late. 그는 늦게 도착했다.

초능력 적용 말 터지는 블록 훈련

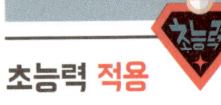

지금까지 이해한 문장들을 내 입에 착 붙도록 블록 훈련을 해보겠습니다.
기억해두고 싶은 문장이 있다면 체크해 두었다가, 모아서 길게 말하는 훈련을 해보세요!

우리말 문장을 영어로 바꿔 적어보고, 소리 내어 읽어 보세요.

01 인터넷 쇼핑

편리한 convenient
주문하다 order

- 인터넷 쇼핑은 편리하다. _____
- 나는 쇼핑 사이트에 자주 방문한다. _____
- 나는 최근에 온라인으로 가방을 주문했다. _____
- 그러나 나는 아직 그 가방을 못 받았다. _____

02 은행

닫다, 폐점하다 close

- 은행은 오후 네 시에 폐점한다. _____
- 폐점 시간은 너무 이르다. _____
- 나는 은행에 갈 시간이 없다. _____
- 그러나 이제 스마트폰으로 모든 것을 할 수 있다. _____
- 그래서 나는 최근에 은행에 간 적이 없다. _____

03 면접

유능한 competent
지원자 applicant

- 그녀는 이번 주에 면접이 있다. _____
- 그녀는 유능한 지원자다. _____
- 그녀는 어떤 면접에서도 떨어진 적이 없다. _____
- 그녀는 확실히 그 회사에 입사할 것이다. _____

04 경찰

실수하다 make a mistake

우리 동네에 유명한 경찰이 한 명 있다. _____

너는 전에 그에 대해서 들어본 적이 없니? _____

그는 실수한 적이 없다. _____

그는 다음 달에 보너스를 받을 것이다. _____

05 공중 화장실

공중 화장실 public restroom
시설 facility

공중 화장실 전체가 금연구역이다. _____

나는 거기에서 담배를 피워 본 적이 없다. _____

한국에서 우리는 그 시설을 무료로 사용할 수 있다. _____

우리는 그것을 잘 이용해야 한다. _____

06 만화책

만화책 comic book

너 만화책 좋아하니? _____

난 만화책을 읽은 적이 없다. _____

나 만화책을 읽으려고 하고 있다. _____

재미있는 만화책 좀 추천해줄래? _____

07 일본 여행

여행 가다 go on a trip

나는 여행을 좋아한다. _____

나는 아직 일본에 가본 적 없다. _____

너 전에 거기에 가본 적 있니? _____

나는 다음 달에 일본 여행을 갈 예정이다. _____

나랑 같이 가길 원하니? _____

22

I want love you?
I want to love you?

I want coffee. [아이원트커피] 이런 발음 한 번쯤 들어보셨죠?
이 얘기 들으시고 "어? 그게 뭐 어때서?" 하실 수 있어요.
그런데 영어 발음의 감각에서 보면, 여기에 아주 중요한 포인트가 하나 숨어 있습니다.
stop이라는 단어는 누구도 [스토프]라고 읽지 않죠.
그냥 [스탑] 이렇게 자연스럽게 끝나요.
그런데 왜 하필 want는 [원트]라고 끊어 읽는 사람이 많을까요? 이유는 간단해요.
그건 우리말이 꼭 자음 뒤에 모음을 붙여서 발음하는 특성이 있기 때문이에요.
그래서 [아이-원-트-커-피]처럼 한 음절씩 또박또박 끊어 읽는 버릇이 있어요.
그런데 영어에서 want는 단어 하나로 끝날 땐 [트] 소리가 별로 강조되지 않아요.
[아이 원 커피]하고 부드럽게 끝나는 거죠.
문제는 여기서 끝이 아닙니다. 만약 want 다음에 to 부정사가 붙으면 어떻게
될까요? I want to drink coffee. 나는 커피 마시기를 원해.
이럴 때는 want to에서 자연스럽게 [투] 소리가 들립니다.
그러니까 어떤 사람들은 이걸 듣고 [아이 원트 커피]라고 착각하기 쉬운 거예요.
조금 더 나아가면, 원어민들은 이걸 또 줄여서 [아이워너]라고 발음합니다.
I want to go. → I wanna go.

초능력 원리 — 초능력 쌤의 문법 강의

나는 수영하는 것을 즐긴다.
너는 커피 마시기를 원하니?
그는 거기 가기로 결정했다.

이 문장들 안에 동사가 몇 개 들어 있을까요? 맞아요, 두 개씩 있어요.
자, 이 문장들을 영어로 만들어 볼까요?
대부분이 "어? 영어 문장에 동사가 두 개 들어가도 되는 거야?" 하실 텐데요, 그동안 우리 대부분은 동사 하나 짜리 문장만 주로 연습했기 때문에, 이렇게 동사가 두 개 나오는 문장을 보면 당황하게 됩니다.

그런데, like(좋아하다), want(원하다), decide(결정하다), hope(희망하다) 같은 동사는 뒤에 다른 동작 하나쯤 더 붙여도 전혀 이상하지 않아요. 예를 들어, "요리하는 것을 좋아해.", "쉬는 것을 원해."처럼요.

여기서 중요한 문법 원칙이 하나 있습니다.
동사 다음에 오는 것은 명사다.
즉, 아무리 문장에서 '동작'을 말하고 싶더라도, 동사 뒤에 또 동사 모양 그대로 쓸 수는 없습니다. I want love you. 이렇게 쓰면 틀려요. 그래서 등장하는 것이 바로 to 부정사입니다. 〈to + 동사원형〉은 이제 동사가 아니라, 명사나 형용사, 부사 역할을 하게 되죠.

I want to love you. 나는 너를 사랑하기를 원한다.
want와 love, 두 개의 동사가 보이지만, to love는 더 이상 동사가 아니라, "사랑하기"라는 명사가 된 상태입니다. 그래서 want의 목적어 역할을 하게 되는 거죠.

to 부정사를 목적어로 쓸 수 있는 동사들은 아주 많습니다.
like, love, hope, plan, expect, promise, decide 등등이 대표적입니다.
앞으로 예문을 통해 하나씩 익혀가면서 자연스럽게 몸에 붙게 만들어 봅시다.

초능력 연습 초능력을 기르게 해주는 문장 훈련

이제 문법이 살아 숨 쉬고 있는 회화 문장들을 살펴볼까요?
발음에 유의하며 세 번씩 읽어보세요.

> 스스로 점검해 볼 수 있도록 체크리스트에 체크해 주세요.

01 나는 더 오래 살기를 바란다. ·· 1st 2nd 3rd

I wish to live longer.
[아이위sh쉬투을리v을롱걸]

> longer는 동사 live를 꾸며주는 부사로 쓰였다. 형용사 long에 비교급을 뜻하는 -er을 붙여 "더 길게, 더 오래"라는 뜻으로 해석한다.

02 그는 무언가를 먹고 싶어 한다. ·· 1st 2nd 3rd

He hopes to eat something.
[히홉ㅅ투잍썸th띵]

> hope와 wish는 "바라다, 원하다"의 뜻이지만, wish는 hope보다 좀 더 이루기 어렵고, 현실과 반대되는 것을 바랄 때 더 많이 사용된다.

03 그녀는 산책하는 것을 좋아한다. ·· 1st 2nd 3rd

She likes to walk outside.
[쉬을라잌ㅅ투월아웉싸이ㄷ]

> walk outside는 "밖에서 걷다, 산책하다"는 뜻이다. 앞에 관사 a를 붙여 a walk-outside 하면 "산책"이라는 명사가 된다.

04 내 여동생은 누군가를 만나기 원했다.

My sister wanted to see somebody.
[마이씨쓰떨워닏투씩썸바리]

sister는 "언니, 동생" 둘 다 사용이 가능하지만, 구체적으로 지칭하고 싶다면 older sister "언니", younger sister "여동생"으로 하면 된다.

05 너는 좋은 시간을 보내기로 약속했다.

You promised to have a good time.
[유프롸미쓷투해v버그읃타임]

promise는 다짐의 느낌이니까, 새끼손가락을 걸고 약속하는 모습을 떠올리자. "이번 주말에 약속 있니?"처럼 가벼운 시간 약속이라면 Do you have plans for this weekend?라고 하고, 회의나 진료 등 특정 목적이 있는 약속이라면 Do you have an appointment?라고 한다.

06 그들은 경기에서 이길 것을 기대했다.

They expected to win the game.
[th데이익쓰뻭띧투윈th더게임]

expect는 "기대하다"라는 동사의 과거형과 똑같이 생긴 형용사 "예상되는"이라는 뜻의 expected도 알아두자. 반대어 "예기치 못한"이란 뜻의 unexpected도 있다.
ex It was totally unexpected. 그것은 완전히 예상하지 못한 것이었어.

07 나는 살을 뺄 계획이 없다.

I do not plan to lose weight.
[아이두낱플랜투루즈웨잍]

lose weight는 "살이 빼다"라는 뜻이다. 단순히 살만 빼는 것이 아니라, 몸매를 다듬거나 건강하게 가꾸는 것을 말할 땐 get in shape라고 할 수 있다.

08 그는 우리와 함께하는 것을 기대하지 않는다.

He does not expect to join us.
[히더ㅅ낱잌쓰쁵투죠이너ㅅ]

join us는 붙여서 [조이너ㅅ]로 발음한다. 우리말이 뒤에 오는 모음이 앞에 있는 자음의 영향을 받는 것처럼!

09 너는 스트레스 받는 것을 원하지 않았다.

You did not want to have stress.
[유딛낱원투햅ᄇ스트뤠ㅆ]

"스트레스 받다"는 have stress 이외에도 get stressed out, be under stress 등이 있다.
ex I got stressed out. 나는 스트레스를 받았다.
　　She was also under a lot of stress. 그녀 또한 많은 스트레스를 받았다.

10 그녀는 나를 보기로 약속하지 않았다.

She did not promise to see me.
[쉬딛낱프롸미ㅆ투씨미]

promise to see에서 사이에 있는 to는 [투]하고 건드리는 정도로 살짝 만 소리 낸다. [프롸]와 [씨]에 강세가 있어서, [투]는 상대적으로 작게 소리 난다. [프롸미ㅆ투씨]

11 너는 나랑 이야기하기로 결심했니?

Did you decide to talk to me?
[디쥬디싸읻투턱투미]

decide는 "결정하다"라는 뜻의 동사로, 명사는 decision "결정", 형용사는 decisive "결정적인, 결단력 있는"이다. 접두어 in-을 붙이면, indecisive "결단력이 없는", indecision "우유부단"이라는 뜻이 된다.

12 너는 나랑 춤추기 원하니?

Do you want to dance with me?
[두유원투덴ㅆ윌th미]

Do you want to를 네이티브처럼 Do you wanna로 말하고 싶은 분도 있을 거다. 아직 영어 문장을 정확히 전달하는 연습이 필요한 단계라면, 속도를 내기보다 정확하게 또박또박 발음하는 습관이 더 중요하다.

13 그는 한국에 오기 바라니?

Does he wish to come to Korea?
[더시위시투컴투코뤼아]

wish to의 to는 동사 come을 목적어로 취하기 위한 to 부정사이다. 그리고 come to Korea의 to는 방향을 나타내 주는 전치사이다. I go to school.에서 to처럼.

14 너는 그것을 맛보려고 의도했니?

Did you intend to taste it?
[디쥬인텐투테이스띹]

intend는 "의도하다"라는 뜻의 동사이다. 뒤에 -tend가 들어간 동사가 많은데, extend는 "연장하다, 확장하다", attend는 "참석하다", tend는 "~하는 경향이 있다". 헷갈리니 이번 기회에 다 외우자!

15 그들은 더 열심히 하기를 거부했니?

Did they refuse to try harder?
[딛th데이뤼f퓨ㅈ투츠롸이할덜]

refuse는 "거절하다"라는 뜻으로, reject와 같은 의미지만, refuse는 부탁이나 요청을 거절할 때 쓰이고, reject는 주장에 동의하지 않아 거부, 거절할 때 쓰인다.
> **ex** I refused to answer his question. 나는 그의 질문에 대답하기를 거절했다.
> And I rejected his suggestion. 그리고 그의 제안도 거부했다.

초능력 적용 — 말 터지는 블록 훈련

지금까지 이해한 문장들을 내 입에 착 붙도록 블록 훈련을 해보겠습니다.
기억해두고 싶은 문장이 있다면 체크해 두었다가, 모아서 길게 말하는 훈련을 해보세요!

우리말 문장을 영어로 바꿔 적어보고, 소리 내어 읽어 보세요.

01 의사소통

개발하다 develop
향상시키다 improve

- 나는 의사소통 능력을 개발해야 한다. _____
- 타인과 의사소통하는 것은 어렵다. _____
- 우리는 매일 다른 사람들과 의사소통을 한다. _____
- 어떻게 의사소통 능력을 향상시킬 수 있을까? _____
- 나는 그러한 능력들을 향상시키길 원한다. _____

02 여가

여가시간 free time
여유가 되다 afford

- 그는 여가시간이 거의 없다. _____
- 그는 많은 일 때문에 바쁘다. _____
- 그는 여가시간을 보낼 여유가 없다. _____
- 너는 여가시간에 주로 뭘 하니? _____

03 시간 관리

시간 관리 time management

- 화요일에 강의가 시작될 것이다. _____
- 대학에선, 시간 관리가 중요하다. _____
- 내가 신입생이었을 때, 난 그것을 잘하지 못했다. _____
- 그래서 오랫동안 플래너를 이용해 오고 있다. _____
- 너 또한 그것을 사용할 필요가 있니? _____

04 상품권

상품권 gift certificate
낡아서 닳다 wear out

부모님께서 나에게 생일선물로 상품권을 주셨다.

나는 쇼핑하러 갈 계획이다.

왜냐하면 내 신발이 다 닳았기 때문이다.

새 신발을 사야 한다.

편안한 신발을 사고 싶다.

혹시 좋은 신발 가게 알고 있니?

05 안경

시력 eyesight

나는 시력이 나쁘다.

내 안경이 없으면 나는 아무것도 볼 수 없다.

오늘 아침에 내 것을 어디에 뒀는지 몰랐다.

그리고 그것을 찾는 것에 실패했다.

내가 안경을 어디에 뒀을까?

06 입학

시험을 잘 보다 do well on exam
다가오는 upcoming

그는 올해 고등학교에 입학했다.

그가 중학생이었을 때, 그는 공부를 열심히 하지 않았다.

그는 더 열심히 공부하기로 결심했다.

그는 다가올 시험을 잘 볼 것이다.

07 날씨

코앞에 와 있는 around the corner
~을 기대하다 look forward to

날씨가 따뜻해지고 있다.

우리는 봄의 향기를 맡을 수 있다.

봄이 코앞에 와 있다!

나는 봄에 벚꽃 축제 가는 것을 정말 좋아한다.

나는 올해 그것을 정말 기대하고 있다.

23

I enjoy swim now?
I enjoy swimming now?

중요한 품사 중 하나인 '동사'는 참 다재다능한 친구입니다.
제 역할 하나만 해도 바쁠 텐데, 다른 품사 역할까지 종종 넘봅니다.
명사나 형용사 흉내를 낼 줄도 알죠.
예를 들어, eating, watching, reading 이런 표현들 말이죠.
이 단어들은 생김새는 분명히 동사에서 온 것 같은데, 문장 속에서는
주어나 목적어처럼 쓰이니까 명사 역할을 하는 겁니다.
처음에는 조금 낯설지만, 막상 써보다 보면 생각보다 무척 유용하다는 걸
느끼게 됩니다. 왜냐하면, 우리가 평소에 말할 때도 동사가 명사 역할을 해주면
표현이 훨씬 다양해지거든요.
예를 들어, "나는 한우를 좋아해." 이건 단순한 문장이죠. I like Korean beef.
간단합니다. 그런데, "나는 한우를 삶아 먹는 걸 좋아해."라고 하면,
좀 더 구체적이고, 의미도 선명해지죠?
이처럼, 동사가 주어나 목적어 자리에 들어가면 우리가 전달할 수 있는
정보의 폭이 훨씬 넓어지고, 말이 더 생생해진다는 겁니다.
그러니까, "왜 동사를 굳이 명사처럼 써야 해?"가 아니라,
"동사가 명사처럼도 쓸 수 있어서 얼마나 다행인가!"라는 관점으로 봐주시면,
동명사라는 개념이 훨씬 쉽게 와닿을 거예요.

초능력 원리   초능력 쌤의 문법 강의

지난 시간엔 to 부정사, 그러니까 동사 앞에 to를 붙여서 그 동사를 명사처럼 쓰는 법을 배웠습니다. 그런데 동사를 명사로 만드는 방법이 하나 더 있다는 사실, 알고 계셨나요? 바로 동사 뒤에 -ing를 붙이는 방법, 이걸 '동명사'라고 부릅니다. 그렇습니다. 우리가 진행형에서 자주 봤던 그 〈동사+ing〉도 명사가 될 수 있다는 얘기예요. 이쯤 되면, 어떤 분들은 속에서 울컥하실 수 있어요. 예, 충분히 당황하실 수 있습니다. 그래서 여기서 정확하게 구분을 지어드릴게요.

동사에 -ing를 붙이면, 두 가지 경우가 있어요.
- 동명사: 명사 역할, 문장에서 주어나 목적어 자리
- 현재분사: 형용사 역할, 명사를 꾸미거나 진행형 문장에서 쓰임

I like eating. 나는 먹는 걸 좋아한다.
→ eating이 like의 목적어로 쓰였어요. 목적어는 명사만 될 수 있잖아요? 바로 동명사입니다.

I am eating a hamburger. 나는 햄버거를 먹고 있다.
→ 이건 우리가 잘 아는 진행형 문장이죠? 앞에 am이라는 be동사가 있고, eating이 현재 분사로 쓰여서 형용사 역할을 하고 있어요. 여기서는 동명사가 아니라 현재분사예요.

그래서 한 문장에 〈동사+ing〉가 보인다고 무조건 같은 쓰임이라고 보면 안 돼요. 문장에서 그게 어떤 역할을 하고 있느냐가 핵심입니다. 이 단원에서는 명사 역할을 하는 동명사, 특히 동사의 목적어 자리에 오는 동명사를 집중적으로 배울 거예요.

그럼 여기서 아주 중요한 구분 하나!
어떤 동사들은 목적어로 to 부정사도, 동명사도 다 받을 수 있어요. 대표적인 게 like, love입니다. 그런데 어떤 동사들은 동명사만 목적어로 받을 수 있어요. 대표적인 게 **enjoy, keep, finish, mind** 같은 동사들이에요.

I keep swimming. (○), I keep to swim. (✕)
왜냐하면 keep은 뒤에 동명사만 올 수 있는 동사니까요. 이건 외워두셔야 합니다. 자주 쓰이는 동사 중심으로 예문 많이 보면서 익히면 외우기도 훨씬 수월하실 거예요.

초능력 연습 — 초능력을 기르게 해주는 문장 훈련

이제 문법이 살아 숨 쉬고 있는 회화 문장들을 살펴볼까요?
발음에 유의하며 세 번씩 읽어보세요.

> 스스로 점검해 볼 수 있도록 체크리스트에 체크해 주세요.

01 그들은 책 읽는 것을 포기한다. ······················ 1st 2nd 3rd

They give up reading books.
[th데이기v법뤼링북ㅅ]

> 멋진 인간이란 어느 순간 give up "포기하다" 하려다 가도, 마음을 다잡고 다시 challenge "도전하다" 하고 주어진 바에 do one's best "최선을 다하다" 하는 듯하다.

02 그는 담배 피는 것을 싫어한다. ······················ 1st 2nd 3rd

He minds smoking cigarettes.
[히마인스모낑씨거뤨츠]

> mind는 동사로 "꺼리다, 싫어하다", 명사로 "마음, 정신"이라는 뜻이 있다.
> **ex** I know your mind. 난 네 마음 알아.

03 나는 중국어를 말하는 게 익숙해진다. ··············· 1st 2nd 3rd

I am used to speaking Chinese.
[아임유ㅅ투스삐킹챠이니ㅅ]

> 〈be used to + 동명사〉는 "~에 익숙해지다"라는 뜻이고, 〈be used to + 동사원형〉은 "~하곤 했다"는 뜻이다.

04 너는 밖에서 걷는 것을 즐겼다. ⋯⋯⋯⋯⋯⋯⋯⋯⋯⋯⋯⋯⋯⋯⋯⋯⋯⋯⋯⋯⋯⋯⋯ 1st 2nd 3rd

You enjoyed walking outside.
[유인조이드워낑아웉싸이드]

walk만 언제까지 쓸 순 없다. "산책하다"의 다양한 표현들을 잡아보자: take a walk, stroll, go for a walk 특히 〈go for a 명사〉는 "~하러 가다"의 뜻으로 쓰임새가 아주 뛰어나다.
ex go for a drive 드라이브 가다　　　go for a drink 한잔하러 가다

05 나는 게임하는 것을 끝냈다. ⋯⋯⋯⋯⋯⋯⋯⋯⋯⋯⋯⋯⋯⋯⋯⋯⋯⋯⋯⋯⋯⋯⋯⋯⋯ 1st 2nd 3rd

I finished playing games.
[아이f피니쉬드플레잉게임ㅈ]

finish는 end와 동의어로, 둘 다 "끝나다"지만, finish는 무언가를 완성해서 끝내는 뉘앙스로 쓰고, end는 어떤 상태나 활동이 종료되는 느낌이 강하다.

06 나는 조깅을 계속하지 않는다. ⋯⋯⋯⋯⋯⋯⋯⋯⋯⋯⋯⋯⋯⋯⋯⋯⋯⋯⋯⋯⋯⋯⋯⋯ 1st 2nd 3rd

I do not continue jogging.
[아이두낱컨티뉴좌깅]

jog가 등장했으니 앞서 한 차례 등장했던 go jogging처럼 go와 묶이는 활동들을 정리해보자.
ex go + swimming / bowling / skiing / shopping / camping 등
　　 play + soccer / tennis / basketball / golf 등

07 너는 계속해서 시도하지 않는다. ⋯⋯⋯⋯⋯⋯⋯⋯⋯⋯⋯⋯⋯⋯⋯⋯⋯⋯⋯⋯⋯⋯⋯ 1st 2nd 3rd

You do not keep trying.
[유두낱킾츠롸잉]

keep은 다양한 의미를 가지고 있는데 여기서는 continue와 동일하게 "계속하다"라는 뜻으로 쓰였다. keep 뒤에 동명사가 나오면, 어떤 상황이나 상태나 지속되는 경우 사용한다.
ex They keep thinking about the project. 그들은 계속해서 그 프로젝트에 대해 생각하고 있다.

초능력 연습 | 초능력을 기르게 해주는 문장 훈련

08 그녀는 춤추는 것을 좋아하지 않는다. ·················· 1st 2nd 3rd

She does not like dancing.
[쉬더ㅅ낱을라잌댄씽]

like는 뒤에 동명사가 올 수 있고 to 부정사도 올 수 있는 동사이다.
ex I like to dance. 나는 춤추는 것을 좋아한다. = I like dancing.

09 나는 의사인 것을 생각하지 않았다. ·················· 1st 2nd 3rd

I did not think of being a doctor.
[아이딛낱th띵껍f비잉어닥털]

think of는 "~하는 것을 생각하다"라는 뜻으로, of는 전치사이기 때문에 목적어로 동사를 써 주려면 동명사가 되어야 한다.

10 우리는 설거지를 하려 하지 않았다. ·················· 1st 2nd 3rd

We did not try washing dishes.
[위딛낱츠롸이워씽디쉬ㅅ]

wash dishes는 "설거지 하다", 더 간단하게 하려면 do the dishes로도 쓸 수 있다. 그냥 "설거지"라는 명사는 dish-washing이라고 한다. 여기서 "식기세척기"라는 dishwasher가 나왔다.

11 너의 어머니는 계속 말씀하시니? ·················· 1st 2nd 3rd

Does your mother keep talking?
[더ㅅ유얼마th덜킾턱낑]

your이라는 2인칭이 나와서 Do를 써야 하지 않나 할 수도 있지만, 결국 '너'가 아니라 '너의 엄마'가 주어이기 때문에 3인칭 단수인 Does를 써야 한다.

12 너는 영어 말하는 것을 연습하니?

Do you practice speaking English?
[두유프뤡티스삐킹잉글리쉬]

practice는 "연습하다"라는 뜻이다. 언뜻 보면 형용사 같은 practical이 있는데, "실용적인, 현실적인"이라는 전혀 다른 의미를 가지고 있다.

13 너는 게으른 상태를 피했니?

Did you avoid being lazy?
[디쥬어v보잉빙을레이z시]

avoid는 이미 일어났든 앞으로 일어날 일이든, 나쁜 일을 마주하지 않으려고 "피하다, 빠져나가다"는 뜻이고, 비슷하게 prevent는 아예 문제 자체가 발생하지 않도록 사전에 "막다, 예방하다"는 뜻으로 쓰인다.

14 너는 그와 계속 일했니?

Did you keep on working with him?
[디쥬킾쁜월낑위th힘]

⟨keep on + 동명사⟩와 ⟨keep + 동명사⟩의 의미상 큰 차이는 없지만, on을 붙이면 keep의 의미를 좀 더 강하게 만든다.

15 너는 그곳 방문했던 거 기억났니?

Did you remember visiting there?
[디쥬뤼멤벌v뷔시링th데얼]

visit은 병원에 문병을 가거나, 누군가의 집에 방문한다는 뜻이며, 이보다 캐주얼하게 쓰이는 "잠깐 들리다"의 뜻을 가진 표현으로는 stop by, drop by, come by가 있다.

초능력 적용　말 터지는 블록 훈련

지금까지 이해한 문장들을 내 입에 착 붙도록 블록 훈련을 해보겠습니다.
기억해두고 싶은 문장이 있다면 체크해 두었다가, 모아서 길게 말하는 훈련을 해보세요!

우리말 문장을 영어로 바꿔 적어보고, 소리 내어 읽어 보세요.

01 과속
과속 speeding

나 속도위반 딱지를 뗐다. _____
그것은 내 잘못이었다. _____
이번이 처음이었다. _____
나는 운전할 때 과속하는 것을 피해야 한다. _____
너 또한 조심해야 한다. _____

02 장점
인내심 patience
장점 strength

인내심은 그의 장점들 중 하나다. _____
그는 항상 좋은 점수를 받기 위해 노력한다. _____
그에게서 많은 것들을 배울 수 있다. _____
나는 그처럼 되도록 계속 노력해야 한다. _____

03 취미
취미 hobby

여가시간을 어떻게 보내니? _____
내 취미는 혼자 영화 보는 것이다. _____
나는 공포영화 보는 것을 즐긴다. _____
나는 그것들을 혼자 보는 것을 좋아한다. _____
하지만 나는 로맨틱 영화를 보는 것은 꺼린다. _____

04 외식

외식하다 go out/eat out

나는 지난주에 저녁 외식을 하자고 제안했다.

부모님은 나와 외식하기로 한 것을 깜빡하지 않으셨다.

그래서 어제 우리 가족은 새로운 이탈리안 레스토랑에 갔다.

우리는 그곳에서 즐거운 시간을 보냈다.

05 편지

외국에 overseas
A보다 B를 더 선호하다 prefer B to A

나는 편지 쓰는 것을 마쳤다.

나는 종종 내 친구들 중 한 명에게 편지를 쓴다.

이것은 그녀가 외국에 살기 때문이다.

나는 이메일보다 편지를 더 선호한다.

넌 이메일과 편지 중 어떤 것을 더 선호하니?

06 금주

건강하지 못한 unhealthy
바람직한 desirable

아빠의 건강이 안 좋아졌다.

그는 술 마시는 것을 포기했다.

그는 더 이상 술을 마시지 않는다.

술을 끊는 것은 쉽지 않다.

하지만 그것은 그의 건강을 위해 바람직하다.

07 미래

이루어지다 come true

너는 10년 뒤의 모습이 어떨 것 같니?

나는 교수가 되기를 꿈꾼다.

그러기 위해, 나는 많은 것들을 하는 것을 포기해야 한다.

나는 열심히 하는 것을 계속할 것이다.

내 꿈은 이뤄질 것이다.

24

I think you cute?
I think you are cute?

I think that you are cute.
이 문장을 읽거나 말해보라고 하면, 대부분 이렇게 하십니다.
I think that… 하고 한 박자 쉬고, you are cute.
왜 그럴까요?
그렇습니다. 우리가 학교에서 배운 문법 때문이에요.
you are cute는 한 문장으로 인식하고, 그 앞에 있는 that을 접속사로 따로
분리해서 생각하게 된 거죠. 심지어 독해 시간에는 that과 you 사이에
/ 까지 그어가며 문장을 잘라본 기억, 다들 있으실 거예요.
그런데 이건 사실 크게 잘못된 해석입니다.
that you are cute는 하나의 명사절, 즉 하나의 '덩어리'라는 뜻이에요.
그러니까 이 문장은, "나는 생각한다" + "네가 귀엽다는 것"
이렇게 두 부분으로 나눠지는 겁니다. 따라서 "네가 귀엽다는 것"에 해당하는
that you are cute를 절대 띄어 말하면 안 되는 거죠.
앞으로 영어 문장을 읽을 때, ⟨that + 문장⟩을 보면,
"아, 이게 통째로 하나의 의미 덩어리구나!"하고 끊지 않고 말하기,
오늘부터 연습해 보시는 걸 추천드립니다.

초능력 원리 ★ 초능력 쌤의 문법 강의

여: 너 어제 뭐했어?
남: 축구.
여: 축구를 봤다는 거야, 했다는 거야?
남: 축구 보는 거.
여: 너 똑바로 얘기 안 해?
남: 나 어제 축구 한일전 봤다고. 왜 그래?

자, 이 대화에서 뭘 알 수 있을까요? 맞습니다. 같은 의미라도 문장의 구조에 따라 표현 방식이 전혀 다르다는 사실! 첫 번째 남자의 대답 "축구"는 그냥 명사 하나만으로 된 답이에요. 두 번째 대답 "보는 거"는 영어로 하면, watching the game, '구(phrase)'에 해당합니다. 세 번째 I watched the game, Korea vs. Japan.은 어때요? 주어와 동사까지 다 들어간 온전한 문장, 즉 '절(clause)'입니다.

예를 들어, I will go to Seoul. "나는 서울에 갈 것이다." 이건 완벽한 절이죠. 하지만 앞에 that을 붙여서 that I will go to Seoul "내가 서울에 갈 것이라는 것"이라고 하면요? 그 자체는 하나의 명사 역할을 하는 덩어리, 즉 명사절이 됩니다.

That I help you is important. 내가 너를 돕는 것은 중요하다.
이 문장에서 That I help you는 문장의 주어입니다. 주어 역할을 하지만, 내부를 보면 I 도 있고, help도 있죠? 문장이에요. 그런데 전체가 하나의 명사 역할을 하고 있으니, 주어 자리에서 쓰인 명사절입니다. 그래서 "내가 너를 돕는 것이 중요하다."라고 해석이 되는 거예요.

I know that you are great. 나는 네가 대단하다는 것을 안다.
이번에는 that you are great이 know의 목적어입니다. 이 경우에도 역시, that이 문장 하나를 명사처럼 만들어버렸어요. you are great이라는 완전한 문장이, that 하나가 붙은 순간 문장 내에서 목적어 역할을 하는 명사절로 바뀐 겁니다.

영어에서 이렇게 절이 통째로 명사 역할을 하는 경우는 생각보다 매우 많다! 앞으로 that절이 보이면, "아하~ 이게 덩어리로 명사처럼 쓰였구나!"하고 캐치하시면 됩니다.

초능력 연습   초능력을 기르게 해주는 문장 훈련

이제 문법이 살아 숨 쉬고 있는 회화 문장들을 살펴볼까요?
발음에 유의하며 세 번씩 읽어보세요.

스스로 점검해 볼 수 있도록 체크리스트에 체크해 주세요.

01 나는 그것이 중요하다고 생각해.   1st 2nd 3rd

I think that it is important.
[아이θ띵ㅋth데릴이ㅅ임폴은ㅌ]

important는 t앞에 por에 강세가 있어, 이어지는 t는 발음하지 않는다. 이와 비슷한 현상이 일어나는 단어는 certainly [썰은니]와 curtain [커ㄹ은], 그리고 partner [파ㄹ너] 등이 있다.

02 너는 네가 할 수 있다는 것을 믿는다.   1st 2nd 3rd

You believe that you can do it.
[유블리vth댙유캔두잍]

"~을 믿다"라고 할 때는 believe 동사를 사용하고, 사람을 믿을 땐 전치사 in도 써준다. -ve를 -f로 바꿔주면, belief "믿음, 신념"이라는 명사가 된다.

03 그녀는 관심이 있다고 이야기한다.   1st 2nd 3rd

She says that she is interested.
[쉬쎄ㅅth델쉬이신터뤠스틷]

interest, surprise, bore, disappoint 등은 흔히 감정을 표현하는 감정 동사라고 한다. 주어가 감정을 느낀다면 과거분사(-ed) 형태, 주어가 그 감정을 만드는 원인이라면 현재분사(-ing) 형태를 사용해야 한다. 위 문장에서는 그녀가 관심이 있다는 감정을 느꼈으니 interested인 것이다.

ex The movie was disappointing, so I was bored. 그 영화가 실망스러워서 나는 지루했다.

04 그는 문제가 없다는 것을 알았다.

He finds that there's no problem.
[유 인 조 이 ㄷ 워 킹 아 웃 싸 이 ㄷ]

"~라고 생각하다"는 의미로 I think를 습관적으로 뱉었다면, 이제 I find로 바꿔보자. find는 "찾다, 발견하다" 외에도 "생각하다"라는 뜻도 있다.
ex I think that this item is cheap. 나는 이 물건이 저렴하다고 생각해요.
= I find this item cheap.

05 그들은 그것이 답이 아니었다는 것을 알았다.

They knew that it was not an answer.
[th 데 이 뉴 th 뎉 잍 워 ㅅ 나 런 앤 썰]

answer는 "대답, 답"이라는 뜻으로, 자주 보는 Q&A는 Question and Answer의 첫 글자를 따온 것이다.

06 나는 네가 남자 친구가 있다는 것을 몰랐다.

I did not know that you had a boyfriend.
[아 이 딛 낱 노 th 뎉 유 해 더 보 이 f 렌 ㄷ]

boyfriend는 사랑하는 남자 친구를 말하고, 그냥 남자인 친구를 의미할 때는 male friend라고 한다.

07 나는 그들이 내게 전화할 것이라고 확신하지 않았다.

I was not sure that they would call me.
[아 이 워 ㅅ 낱 슈 얼 th 뎉 th 데 이 운 커 을 미]

sure은 "100% 확신하다, 당연하다"라는 뜻으로, Are you sure?하면 "너 진짜야? 확실해?"라는 뜻이다.

08 그것은 그가 하지 않았다는 것을 증명했다.

It proved that he did not do it.
[잍프루v브th델히딛낱두잍]

prove는 "증명하다, 입증하다"라는 뜻으로, 명사는 -ve를 -f로 바꿔 proof "증명, 증거"이다. 비슷한 단어로는 evidence "증거"가 있다.

09 나는 그것이 바뀔 것이라고 언급할 것이다.

I will mention that it will change.
[아이위을멘션th데맅위을체인ㅈ]

mention은 "~에 대해 언급하다"라는 뜻으로, about 전치사가 이어져야 할 것 같으나, 목적어를 바로 취하는 타동사로만 쓰인다.
- ex The CEO mentioned about the article. (X)
- The CEO mentioned the article. (O)

10 너는 그것이 실수였다는 것을 말했다.

You said that it was a mistake.
[유쎋th데맅워서미ㅅ테잌]

"실수, 잘못"과 관련된 단어 mistake, fault를 비교해보자. mistake는 우발적인, 의도치 않은 잘못을 칭하고, fault는 행동과 그에 따른 책임에 무게를 둔다.
- ex He made a big mistake. 그는 큰 실수를 했다.
- However, the accident was not his fault. 하지만, 그 사고는 그의 잘못이 아니다.

11 너는 그가 일본에서 온 것을 아니?

Do you know that he is from Japan?
[두유노th델히이ㅅf프럼졔펜]

from은 "~(로)부터"라는 뜻의 전치사이다. It will start from June. "6월부터 시작할 것이다."에서처럼 시간의 시작점을 지칭하거나, We departed from Japan. "우리는 일본에서 출발했다."처럼 장소의 출발점을 이야기하기도 한다. 또한, I got sick from this cake. "나는 이 케익 때문에 아팠다."처럼 원인을 나타낼 때도 사용 가능한 전치사다.

12 그들은 그것이 사실이라는 것을 믿니?

Do they believe that it is real?
[두th데이비올립vth뎉이리ㅅ뤼얼]

real은 "진짜의, 사실의"라는 뜻의 형용사로, 비슷하게 생긴 realistic은 "현실적인"이라는 뜻이다. 추가적으로 Get real!은 문맥에 맞게 유연한 해석이 필요하나, 격식을 차리지 않은 "정신 차려! 꿈깨!"라는 뜻으로 많이 쓰인다.

13 그녀는 그 팀이 이길 것이라고 확신하니?

Is she sure that the team will win?
[이쉬슈얼th뎉th더팀위을윈]

win은 "이기다"라는 뜻으로, -er를 붙여 winner 하면 "우승자"라는 명사가 된다. win이 2번 사용된 win-win "관련된 모두에게 다 좋은"이라는 형용사도 알아두자.
ex It is a win-win option. 양쪽에게 다 좋은 옵션이네.

14 그는 그가 거짓말했다고 너에게 말하니?

Does he tell you that he lied?
[더시테을유th뎉히을라이ㄷ]

lie는 명사로 "거짓말", 동사로 "거짓말하다"라는 뜻이고, "놓여있다, 눕다"라는 뜻도 있다.
ex I lied on the beach. 난 해변에 누워 있었다.

15 내가 그것이 틀렸다고 너에게 알려줬었니?

Did I let you know that it was wrong?
[디라이을렡유노th데맅워ㅅ뤙]

wrong은 발음할 때 입을 모아서 안에서 [ㄹ] 발음을 낸다는 생각으로 둥글게 말아 소리 낸다. 입술을 오므리지 않으면 long과 유사한 발음이 되어 청자에게 혼동스럽다.

203

초능력 적용 — 말 터지는 블록 훈련

지금까지 이해한 문장들을 내 입에 착 붙도록 블록 훈련을 해보겠습니다.
기억해두고 싶은 문장이 있다면 체크해 두었다가, 모아서 길게 말하는 훈련을 해보세요!

우리말 문장을 영어로 바꿔 적어보고, 소리 내어 읽어 보세요.

01 디저트

칼로리 calory

나는 초콜릿 케이크를 좋아한다. _____

나는 케이크를 먹는 것은 나를 행복하게 만든다고 생각한다. _____

그러나 나는 그것들이 칼로리가 높다는 것을 안다. _____

그래서 그것들을 너무 많이 먹지 않는다. _____

02 불만족

품질 quality
교환하다 exchange

그녀는 새 스마트폰을 구매했다. _____

그녀는 그것의 품질이 불만족스러웠다. _____

그녀는 새것으로 교환하기를 원했다. _____

그녀는 서비스센터에 전화했다. _____

그들은 그것을 해줄 것이라고 말했다. _____

03 오해

오해하다
misunderstand

다른 사람들을 오해해본 적 있니? _____

나는 그런 적 있다. _____

어렸을 때, 친구들이 나를 좋아하지 않는다고 생각했다. _____

그리고 나는 이것이 많은 아이들에게 많이 일어난다고 생각한다. _____

04 건강

건강해지다 get healthy
가치 value

나는 건강해지기 위해 더 노력해야 한다고 믿는다.

많은 사람들은 그들 건강의 가치를 모른다.

나는 인생에서 건강이 제일 중요하다고 생각한다.

너는 너 자신을 돌보는 방법을 알고 있니?

05 번화가

장소 spot
지역 area

서울에서 가장 인기 있는 장소가 어디니?

나는 홍대가 가장 인기 있는 장소라고 생각한다.

그 지역은 항상 사람들로 붐빈다.

젊은이들이 특히 이 장소를 방문하는 것을 좋아한다.

06 약속

시간 엄수 punctuality

나는 다시 지각하지 않겠다고 약속했다.

나는 시간 엄수가 성공의 열쇠라고 생각한다.

나는 약속을 지킬 것이다.

나는 내가 이것을 할 수 있다고 믿는다.

07 명찰

명찰 ID card
착용하다 wear

그는 나에게 내가 회사에서 명찰을 착용해야 한다고 상기시킨다.

나는 항상 명찰을 착용해야 하는 것을 안다.

그러나 나는 가끔 명찰을 가지고 오는 걸 잊어버린다.

어쨌든 나는 회사 규칙을 잘 지켜야 한다.

25

There is people?
There are people?

There is나 There are 표현 정말 유용하죠.
그런데 많은 분들이 영어 말할 때 There is나 There are를
아주 또박또박, 힘주어 말하시는 경우가 있어요.
[th데얼이즈], [th데얼알] 이런 식으로요. 하지만 사실은요,
There is나 There are는 문장에서 중요한 의미를 전달하는 단어가 아닙니다.
이 표현은 문장을 부드럽게 이끌어주는 길잡이 역할, 그러니까 방향타 같은 존재라는
거예요. 정말 의미를 갖고 있는 핵심은 그 뒤에 오는 '진짜 주어'입니다.
그러니 발음도 자연스럽게 넘어가야 합니다.
There is → [th데얼스], There are → [th데얼아]
이 정도로 빠르게 흘려 말하고, 뒤에 나오는 주어에 힘을 주는 게 듣는 사람도
이해하기 쉬운 말하기 방식입니다.
마치 한국어에서도 "거기 뭐있어?"라는 질문에,
"책 있어." 이렇게 말하지, "거기 있어." 라고 하진 않잖아요.
'거기'는 위치 정보일 뿐이고, 핵심은 '책'이 있는지 없는지잖아요? 영어도 똑같습니다.
There is / There are는 문장을 여는 도우미일 뿐,
진짜 중요한 건 그 뒤에 나오는 주어!
그 명사에 자연스럽게 리듬과 강세를 실어줘야 말이 산다는 거죠.

초능력 원리 — 초능력 쌤의 문법 강의

영어 공부 좀 하셨다는 분들, 혹은 영어로 말 좀 해봤다는 분들 모두 한 번쯤은 썼을 문장이 있습니다. 바로 There is~/There are~로 시작하는 문장이죠. "~이 있다"라는 뜻인데요, 우리는 이걸 아주 자연스럽게 씁니다.

There is a problem. 문제가 있다.
There are many people. 많은 사람들이 있다.
이런 문장은 일상에서도 뉴스에서도 자주 들리잖아요?

그런데 말입니다. 이 친숙한 문장이 도치법이라는 꽤나 난해한 문법 현상의 대표 주자라는 사실, 알고 계셨나요? 도치법이라 하면 막연히 어렵게 느껴지고, 실제로 문법책에서도 별표 ★★★★★ 다섯 개쯤은 달고 나오는 친구입니다. 그런데, 우리는 이미 이걸 말하고 있다니까요. 놀랍지 않나요?

자, 그럼 도치법이 뭔지를 잠깐 짚고 넘어가 보겠습니다. 도치법이란 문장의 기본 어순, 예컨대 〈주어+동사〉의 흐름을 바꾸는 거예요. 예를 들어, "나는 그 길을 걸었다."가 원래 문장이라면, "그 길을 내가 걸었다니까." 이렇게 말하면 "길"이 강조되죠? 이게 바로 도치입니다.

영어로 예를 들어 볼게요. 원래는 Money is there. "돈이 저기에 있어." 이렇게 말하면 순서가 자연스럽죠. 그런데 영어에서는 There is money. 즉, there를 앞으로 끌어오면서 도치된 형태를 만들어낸 거예요.

There is a book on the desk. 책상 위에 책 한권이 있다.
There are books on the desk. 책상 위에 책들이 있다.
이 두 문장에서 핵심은 바로 be 동사를 제대로 선택하는 데 있습니다.
a book은 단수니까 → is, books는 복수니까 → are

그리고 비슷한 패턴으로 Here is~/Here are~도 있어요. there처럼 도치된 문장입니다.
Here is the key. 여기 열쇠가 있어.
Here are your shoes. 여기 네 신발들이야.

결론은 이겁니다. 우리는 도치법이라는 어려운 문법을 이미 자연스럽게 사용하고 있다. 그러니 겁먹지 말고, 이 기회에 좀 더 의식적으로 훈련해보자는 거죠.

초능력 연습 — 초능력을 기르게 해주는 문장 훈련

이제 문법이 살아 숨 쉬고 있는 회화 문장들을 살펴볼까요?
발음에 유의하며 세 번씩 읽어보세요.

스스로 점검해 볼 수 있도록 체크리스트에 체크해 주세요.

01 커피숍이 있다. 1st 2nd 3rd

There is a coffee shop.
[th데얼이서커f피숖]

> coffee shop은 café와 같은 의미이다. 우리나라에서는 카페를 더 많이 쓰지만 미국, 캐나다에서는 coffee shop을 더 자주 사용한다.

02 안에 많은 사람들이 있다. 1st 2nd 3rd

There are many people inside.
[th데어럴매니피쁠인싸이드]

> inside는 "안에"라는 뜻의 전치사이며, "밖에"는 outside. 사람을 의미하는 접미사 -er를 붙이면, outsider "밖에 있는 사람", 즉 "아웃사이더, 떠돌이"라는 뜻이 된다.

03 나무가 있었다. 1st 2nd 3rd

There was a tree.
[th데얼워서츄뤼]

> tree는 "나무"라는 뜻으로 가산명사이기 때문에, a tree하면 "나무 한 그루"가 된다. 나무가 많이 모여 숲이 되면 forest를 쓴다.

04 두 사람이 있었다.

There were two people.
[th데어월투피쁠]

people은 person의 복수형으로, "두 사람"이기 때문에 two people을 썼다. 외향적이고 사교적이라 사람들을 잘 어울리고 좋아하는 사람이라는 a people-person이라 한다.
ex I am a people-person. 저는 사교적이에요.

05 큰 테이블이 있었다.

There has been a big table.
[th데얼해ㅅ비너빅테이보을]

크기를 나타내는 형용사엔 big 말고도 "거대한"이라는 뜻의 huge, enormous, giant, great 등이 있다. tiny, little, small, mini, petite 등은 반대어들이다.

06 이유가 있을 것이다.

There will be a reason.
[th데얼위을비어뤼즌]

reason은 명사로 쓰이면, 뒤에 why 의문사와 같이 오는 경우가 많다.
ex You are the reason why I came here. 너는 내가 여기에 온 이유이다.

07 차가 있을 수 없다.

There can be no car.
[th데얼캔비노칼]

"나는 친구가 없다."는 I don't have friends. I have no friends. 두 문장으로 표현할 수 있다. no와 not은 여러 부정어 중 하나다. not은 부사이므로 동사, 형용사 혹은 부사가 뒤에 위치하나, no는 형용사이므로 뒤에 명사가 온다.

초능력 연습 초능력을 기르게 해주는 문장 훈련

08 화장실이 없다. ·· 1st 2nd 3rd

There is not a bathroom.
[th데얼이ㅅ나러베th룸]

화장실을 표현할 수 있는 단어로는 bathroom, restroom, toilet 등을 쓸 수 있다. toilet은 "변기"라는 직접적인 뜻이기 때문에 그리 교양 있게 들리지는 않는다.

09 많은 상점들이 없다. ·· 1st 2nd 3rd

There are not many shops.
[th데어럴낱매니셥ㅆ]

shop은 "가게, 상점"이라는 명사로, "쇼핑하다"라는 동사로도 사용 가능하다.
ex I often shop for organic foods. 나는 주로 유기농 음식을 산다.

10 택시가 있을 것이다. ·· 1st 2nd 3rd

There will be a taxi.
[th데얼위을비어택씨]

taxi는 "택시"라는 뜻으로, 미국에서는 cap이라는 어휘도 많이 사용한다. "택시를 타다"라고 할 때는 take a taxi/cab, get a taxi/cab. 구어체에선 grab a taxi도 쓰인다.
ex Let's grab a taxi. 택시 잡자.

11 아이들이 많을 수도 있다. ·· 1st 2nd 3rd

There can be many kids.
[th데얼캔비매니키ㅈ]

kid는 "아이, 어린이"라는 뜻이며, kid는 좀 캐주얼한 단어이니 격식을 차리는 대화에서는 child가 더 좋겠다. child의 복수형은 children이라는 점은 수백 번 강조해도 지나치지 않다. childs, childrens으로 헷갈리지 말 것!

12 메시지가 있니?

Are there any messages?
[얼th데얼에니메씨지ㅅ]

message는 "메시지, 문자"라는 뜻으로, 우리가 휴대폰에 오는 문자 메시지를 의미할 때는 앞에 text를 붙여 text message라고도 한다.

13 질문이 있니?

Is there a question?
[이스th데얼어쿠에쓰쳔]

문장 부호 중 ? 를 우리는 '물음표'라고 하는 것처럼, 영어도 의미 그대로 question mark 라고 한다. 그렇다면 흔히 우물정 # 이라 하는 기호는 뭐라고 할까? sharp 아니라, pound key. 영국의 경우 hash key라고 한다. 별표 * 는 asterisk이지만, 편히 star key라고 한다.

14 노트북이 있을까?

Will there be a laptop computer?
[위을th데얼비어을랩탑컴퓨럴]

노트북을 영어로 하면 notebook이 될 것 같지만 이건 "공책"이다. 컴퓨터 노트북은 laptop 이라고 한다.

15 문제 있었니?

Has there been a problem?
[해ㅅth데얼비너프뤄블럼]

There is 를 현재완료로 바꾸면, There has been이 되고, 의문문으로 바꾸면 주어와 동사 순서를 바꿔 Has there been ~?이 된다.

초능력 적용 — 말 터지는 블록 훈련

지금까지 이해한 문장들을 내 입에 착 붙도록 블록 훈련을 해보겠습니다.
기억해두고 싶은 문장이 있다면 체크해 두었다가, 모아서 길게 말하는 훈련을 해보세요!

우리말 문장을 영어로 바꿔 적어보고, 소리 내어 읽어 보세요.

01 콘택트렌즈

콘택트렌즈
contact lenses

- 거기 내 콘택트렌즈 있니?
- 나는 그것들을 찾고 있는 중이다.
- 너는 콘택트렌즈 껴본 적 있니?
- 그것들은 잃어버리기 쉽다.
- 나는 매일 같은 장소에 렌즈를 둬야 해.

02 오토바이

계기판
operational panel

- 집 앞에 오토바이가 있다.
- 저건 누구 것이니?
- 저 오토바이 멋지다, 그렇지 않니?
- 계기판에 많은 표시들이 있다.
- 그리고 저것은 꽤 비싸 보이네.

03 헬스장

헬스장 gym
현재의 current

- 우리 동네에 헬스장이 있다고 들었다.
- 수영장도 있어?
- 나는 다른 헬스장으로 옮기려고 생각 중이야.
- 현재의 헬스장은 너무 비싸.

04 카페

시끄러운 noisy
집중하다 concentrate

나는 카페에서 책 읽는 것을 좋아한다.

나는 보통 거기서 책을 읽는다.

그 카페가 너무 시끄러워서 오늘은 집중을 못 했다.

오늘 아주 많은 사람들이 거기에 있었다.

05 할 일

~에게 행운을 빌어주다 wish
행운 luck

내 스케줄에 변동이 있니?

나는 막 미팅 하나를 끝냈다.

하지만 나는 여전히 갈 길이 멀다.

내가 그것들을 잘 끝마칠 수 있을지 확신을 못 하겠다.

행운을 빌어줘!

06 교통체증

갇히다 be stuck
오는 길에 on one's way

왜 늦었니?

차 사고가 있었니?

나도 여기 오는 길에 교통체증에 갇혔었다.

집에 가는 것이 걱정이다.

교통체증 없이 집에 갈 더 좋은 방법들이 있을까?

07 새로운 가게

독특한 unique

새로운 옷 가게가 있다.

나는 그 장소에 대해 많이 들어왔다.

그래서 나는 그곳에 가기로 결심했다.

그곳 옷의 디자인이 독특하다고 들었다.

너도 같이 갈래?

26

Dinner was served?
Dinner was serving?

I have been being asked.

이 문장, 딱 보면 숨이 턱 막히죠? 마치 해석에 3박 4일쯤 걸릴 것 같은 느낌, 누구나 공감하실 겁니다. 그런데요, 차근차근 쪼개서 보면, 우리가 이미 하나하나 배워온 내용의 총합이에요. 먼저 구조부터 살펴볼게요.

have been → 현재완료로 "~있어 왔다"

been being → 이 부분이 특히 낯설지만 진행형으로 "~되고 있는 중"

being asked → ask의 수동태로 "질문받다"

그러니까 이 문장은, 현재완료 + 진행형 + 수동태, 이 세 가지 문법 요소가 한 문장 안에 모두 들어 있는 복합 시제 문장이에요. 그럼 해석은 어떻게 될까요?

"나는 계속 질문을 받아오고 있다."는 뜻이 됩니다.

여기서 중요한 포인트는 이 문장을 자주 써먹자!가 아니라, 우리가 지금까지 배운 기본 문법으로도 이런 복합 구조를 이해할 수 있다는 거예요. 그래서 이 문장을 보는 순간 움찔하기보다는, "어? 나 이 문장 속 요소들 다 배운 거잖아?" 이렇게 스스로를 한 번 칭찬해주셔도 좋은 시점입니다.

영어 문법, 겉으로는 어려워 보이지만, 하나씩 쌓아 올리면 이렇게 큰 문장도 충분히 마주할 수 있어요. 지금까지 잘 따라오셨습니다. 앞으로도 한 문장 한 문장, 잘 정리해나가 봅시다.

초능력 원리 — 초능력 쌤의 문법 강의

주객이 전도되면 참 어색하지요. 영어에서도 마찬가지예요. 주어와 목적어의 위치가 바뀌면 문장의 의미도 달라지고, 듣는 사람도 순간 당황할 수 있습니다.

I like the car. 나는 그 차가 좋아.
이 문장은 아주 평범하죠. 그런데 이걸 이렇게 바꿔볼 수 있어요.

The car is liked by me. 그 차는 나에 의해 좋아함을 당한다.
이렇게 되면 느낌이 완전히 달라지죠. 이게 바로 수동태 문장입니다.

그런데 도대체 왜 이렇게 말할까요? 사실 수동태는 문장의 주객 순서를 바꾸는 구조입니다. 즉, 원래 목적어였던 부분을 강조하고 싶을 때 앞으로 끌어오는 거예요.

I broke the window. 내가 창문을 깨트렸어.
이 말을 했는데, 상대가 "응? 창문이 어쨌다고?" 하고 되묻는 상황을 상상해보세요. 이때 이렇게 말할 수 있죠.

The window was broken by me. 창문이 나에 의해 깨졌다.
바로 수동태 문장의 역할입니다. 강조하고 싶은 대상(the window)을 앞으로 내세운 거죠.

그럼 수동태는 어떻게 만들까요? 기본 공식은 ⟨be + 동사의 과거분사⟩입니다.

현재 시제: **I am helped.** 나는 도움을 받는다.
과거 시제: **I was helped.** 나는 도움을 받았다.
미래 시재: **I will be helped.** 나는 도움을 받을 것이다.

어때요, 수동태 문장의 구조가 조금씩 감 잡히지 않으시나요?
마지막으로 문장의 의미를 비교해 볼게요. 주어와 목적어의 위치가 바뀌면서 문장의 의미도 정반대가 됩니다.

능동: **I am helping you.** 내가 너를 도와주는 중이야.
수동: **I am helped by you.** 내가 너에게 도움을 받고 있어.

조금 복잡하게 느껴질 수 있지만, 수동태도 우리가 배워야 할 중요한 표현입니다. 조금씩 예문과 함께 익혀 가면 분명 익숙해질 수 있어요.

초능력 연습 — 초능력을 기르게 해주는 문장 훈련

이제 문법이 살아 숨 쉬고 있는 회화 문장들을 살펴볼까요?
발음에 유의하며 세 번씩 읽어보세요.

> 스스로 점검해 볼 수 있도록 체크리스트에 체크해 주세요.

01 그 차는 운전된다. □ 1st □ 2nd □ 3rd

The car is driven.
[th더칼이ㅅ드뤼v븐]

> 자동차가 주어가 되면, 자동차가 스스로 운전할 수 없기 때문에, 동사 drive는 당연히 수동태로 나와야 한다. 사람을 주어로 한다면, I drive the car.

02 그 질문이 물어봐지다. □ 1st □ 2nd □ 3rd

The question is asked.
[th더쿠에스쩐이ㅅ에슥ㄷ]

> 문제가 사람에게 질문을 할 순 없다. 사람에게 그 문제가 물어봐진 것이므로, 수동태 be asked를 사용!

03 돈이 주어지다. □ 1st □ 2nd □ 3rd

Money is given.
[머니이ㅅ기v븐]

> be given은 receive와 같은 의미로 보면 된다. give가 "주다"라는 뜻인데 수동태로 쓰면 "주어짐을 당하다" 즉, "받다"라는 뜻이기 때문이다. 따라서 "돈을 받다."로 해석이 가능하다.

04 저녁이 차려졌다.

Dinner was served.
[디널워ㅅ썰v브ㄷ]

serve는 cater와 같은 의미로 쓰인다. 호텔, 뷔페에서 Catering Service(케이터링 서비스, 출장 연회 서비스)라고 하는 것도 이 단어에서 나왔다.

05 그 영화가 보여졌다.

The movie was seen.
[th더무v비워ㅅ씬]

우리는 우리 눈으로 영화를 보지만, 여기서 주어인 영화는 우리 눈에 의해 보여짐을 당하는 것이기 때문에 수동태로 쓰였다.

06 펜이 주어졌다.

A pen was given.
[어펜워ㅅ기v븐]

pen은 우리가 글씨를 쓸 때 쓰는 도구인 "펜", fan은 가수, 연예인을 좋아하는 "팬"을 말한다. 둘의 발음은 확연히 다르기 때문에 주의하자.

07 나는 사랑받는다.

I am loved.
[아엠을러v브ㄷ]

be loved는 사랑을 당하는 입장이기 때문에, "사랑받다"라는 뜻이 된다. 두 어절을 붙여서 beloved "사랑받는, 인기 많은"이라는 표현도 있다.

ex She is the most beloved teacher in my school.
그녀는 학교에서 가장 사랑받는 선생님이다.

초능력 연습 — 초능력을 기르게 해주는 문장 훈련

08 너는 선택된다. 1st 2nd 3rd

You are chosen.
[유얼쵸슨]

chosen은 choose의 과거분사형으로, 주어가 You이지만 다른 사람에 의해 "뽑히다, 선택되다"의 의미이기 때문에 수동태로 쓰였다.

09 그는 쫓겼다. 1st 2nd 3rd

He was chased.
[히워ㅅ췌이스ㄷ]

chase "뒤쫓다, 추척하다" 동의어에는 pursue, track 등이 있다. 택배 좀 받아본 분들이라면 익숙할 tracking number 물건의 배송상황을 추적할 수 있도록 부여된 "추적번호"도 묶어 외우자.

10 그것들은 사용되었다. 1st 2nd 3rd

They were used.
[위월유스ㄷ]

be used to 뒤에 명사와 동명사, 또는 동사 원형이 올 수도 있다. 전자의 경우라면 "~에 익숙하다", 후자는 "~하기 위해 사용되다"라는 뜻이 된다.

11 내 핸드폰은 구매되었다. 1st 2nd 3rd

My phone was bought.
[마이f폰워ㅅ보웉]

phone에 철자 f는 없지만, 영어에서는 ph를 [f]로 발음한다.
ex philosophy [f피을러써f피] 철학 photo [f포-로] 사진
 physical [f피시커ㄹ] 육체의, 물질적인 dolphin [달f핀] 고래

12 너는 불릴 것이다.
You will be called.
[유윌비코올ㄷ]

"나중에 나에게 전화해."를 영어로 Call to me later.라고 하면 틀렸다. call은 타동사이므로 목적어가 바로 오는 Call me later.가 맞다. call to를 본 적이 있다면, 〈make a call to + 사람〉으로 call이 명사로 쓰인 경우였다.

ex Make a call to me later. 나중에 나에게 전화해.

13 그는 비난받을 수 있다.
He can be blamed.
[히켄비블레임ㄷ]

blame은 "비난하다, 탓하다"라는 뜻이다.

ex I don't blame you. 난 널 탓하지 않아.   Don't blame me. 내 탓하지 마.
Don't blame it on you. 그것을 네 탓으로 하지 마.

14 그것은 팔렸다.
It has been sold.
[잍해ㅅ빈쏘올ㄷ]

문장 속 sold의 원형 sell과 관련된 재미있는 표현이 있다. 바로 "불티나게 팔리다"라는 뜻의 sell like hotcake이다.

ex This book will sell like hotcake. 이 책은 불티나게 팔릴 것이다.

15 그들은 데려가져야 한다.
They should be taken.
[th데이슏비테이끈]

should는 "~해야 한다"라는 뜻의 조동사로, must와 같은 의미이지만 좀 더 약한 의무를 띠고 있다. must 무조건 해야 해! vs. should 하는 게 좋아~

초능력 적용 — 말 터지는 블록 훈련

지금까지 이해한 문장들을 내 입에 착 붙도록 블록 훈련을 해보겠습니다.
기억해두고 싶은 문장이 있다면 체크해 두었다가, 모아서 길게 말하는 훈련을 해보세요!

우리말 문장을 영어로 바꿔 적어보고, 소리 내어 읽어 보세요.

01 와인

~로 만들어지다
be made from

- 난 와인에 대해서는 잘 모른다.
- 그냥 와인을 마시는 것을 즐긴다.
- 와인은 포도로 만들어진다.
- 레드 와인과 화이트 와인 중에 어떤 것을 더 좋아하니?

02 우리 할머니

키우다 raise

- 나는 할머니가 키워주셨다.
- 부모님은 일 때문에 바쁘셨다.
- 나는 그녀가 세상에서 가장 좋은 할머니라고 생각한다.
- 나는 할머니가 건강하게 그리고 오래 사시길 바란다.

03 번역

번역하다 translate
원본 the original

- 그 책은 한글로 번역되었다.
- 이것은 잘 번역되었다.
- 그러나 번역본은 원본의 의미를 잘 전달하지 못할 수도 있다.
- 그래서 나는 언제나 원본을 먼저 읽는다.

04 한글

만들다 create
존경하다 respect

한글은 세종대왕에 의해 만들어졌다.

그는 오랜 시간 동안 많은 이들에 의해 존경받아왔다.

나는 한글이 세계에서 가장 아름다운 문자 체계라고 생각한다.

나는 그것이 자랑스럽다.

05 아침 식사

거르다 skip
어느 정도 to some extent

나는 아침형 인간이 아니기 때문에, 아침 식사를 거르는 경향이 있다.

아침은 늘 엄마에 의해 준비된다.

그녀는 그것이 하루 중 가장 중요한 식사라고 말한다.

나도 그녀의 의견에 어느 정도 동의한다.

06 책 반납

반납하다 return
연체료 late fee

도서관에서 책을 빌렸다.

그것은 오늘까지 반납되어야 한다.

나는 책을 빌렸다는 것을 잊고 있었다.

연체료는 비싸다.

나는 오후에 도서관에 갈 것이다.

나를 도서관까지 태워줄 수 있니?

07 재활용

자원 resource
분리하다 separate

많은 것들이 재활용될 수 있다.

재활용은 많은 자원들을 아낄 수 있다.

우리는 분리수거를 해야 한다.

왜 재활용이 중요한지 아니?

대부분의 자원들이 한정되어 있기 때문이다.

27

I wasn't bored?
I was didn't bored?

내가 길을 걸어가고 있었어요. 그런데 갑자기 어디선가
친구 하나가 훅 튀어나옵니다. 너무 깜짝 놀랐죠.
이 상황을 영어로 설명하고 싶어요. 자,
이제 아래 네 가지 문장 중에서 어떤 게 맞는지 골라보세요.
1. I am surprised. 2. He is surprised.
3. I am surprising. 4. He is surprising.
고민되시죠?
이럴 땐, 누가 놀라움을 줬는가, 누가 놀라움을 받았는가를 따져보면 됩니다.
그 친구가 갑자기 튀어나와서 놀라움을 준 사람이죠.
그러니 그 친구는 surprising 놀라움을 주는 쪽, 현재분사입니다.
→ He is surprising. 그는 놀라움을 주는 사람이야.
나는 그걸 보고 놀랐죠, 나는 surprised 놀라움을 받았기 때문에 과거분사입니다.
→ I am surprised. 나는 놀랐어.
따라서 정답은? 1번 과 4번
여기서도 현재분사냐, 과거분사냐의 핵심은 그 감정을 주는 입장인지,
그 감정을 받는 입장인지 그 차이만 알면 정답이 보입니다.

초능력 원리 — 초능력 쌤의 문법 강의

외국 바이어와의 중요한 미팅 자리. 집중하느라 피곤해서 그만 하품이 나왔고, 입에서 튀어나온 말이 I am boring. 그런데, 상대가 정색도 없이 Yes, you are. 하고 답해버리면? "내가 심심하다."고 했더니, 상대가 "응, 그러네."라고 답한 걸까요?

여기에는 영어 문법의 아주 중요한 차이가 숨어 있습니다.
I am boring. 이 문장은 "나는 (다른 사람을) 지루하게 만드는 사람이다."라는 뜻입니다.

왜 그럴까요? boring은 bore라는 동사의 현재분사, 즉 형용사로 쓰였고, 주어가 지루함을 '주는' 입장이라는 걸 뜻하기 때문이에요.
그래서 이런 뉘앙스가 됩니다.
→ 내가 다른 사람을 지루하게 만들고 있다.
→ 나는 재미없는 사람이다.

그러니 그 바이어는 정말 문장 그대로 받아들인 거예요. "응, 너 지루해."라고. 사실 주인공이 진짜 하고 싶었던 말은 I am bored. 지루함을 '당하고' 있는 상태, 즉 수동태 표현을 써야 했던 거죠.

그럼 여기서 잠깐, 유재석 씨 예시로 더 확실하게 정리해볼게요. TV에서 국민MC 유재석 씨가 너무 재밌게 말하고 있어요. 이때 당신이 할 말은?
1. MC Yoo is entertaining.
2. I am entertaining.

정답은 1번입니다. entertain이라는 감정을 주는 쪽이 유재석 씨잖아요. 그렇다면 그는 entertaining 즉, 재미를 주는 사람입니다.
그걸 받은 쪽인 나는?
I am entertained. 나는 즐거움을 받았다, 재미있었다!

이 구분은 결국, 누가 영향을 '주는지', 누가 영향을 '받는지' 이 차이예요. 누구의 입장에서 말하고 싶은지 생각해보시면 훨씬 이해가 쉬워집니다.

초능력 연습 — 초능력을 기르게 해주는 문장 훈련

이제 문법이 살아 숨 쉬고 있는 회화 문장들을 살펴볼까요?
발음에 유의하며 세 번씩 읽어보세요.

스스로 점검해 볼 수 있도록 체크리스트에 체크해 주세요.

01 나는 놀라지 않는다.   1st 2nd 3rd

I am not surprised.
[아엠낱써프라이즈ㄷ]

> surprise라는 동사는 "~를 놀라게 하다"라는 뜻으로, 내가 놀라면 surprised로 쓰는 게 맞다. 비슷한 의미로 amazed, astonished 가 있다.

02 너는 실망하지 않는다.   1st 2nd 3rd

You are not disappointed.
[유얼낱디써포인티ㄷ]

> 접두사 dis-가 주로 반대의미를 갖는다고 해서, disappoint의 반대말이 appoint일 것 같지만 아니다. appoint는 "임명하다, 공식적으로 결정하다"라는 의미로 쓰이니 조심하자!

03 그는 놀라지 않는다.   1st 2nd 3rd

He is not amazed.
[히이ㅅ낱어메이즈ㄷ]

> amaze는 "놀라다, 놀라게 하다"라는 뜻으로 amuse라는 단어와 비슷하게 생겼다. amuse는 "재미있게 만들다, 즐겁게 만들다"라는 뜻이다.

04 그녀는 즐겁지 않다.

She is not entertained.
[쉬이ㅅ낱엔털테인ㄷ]

entertain은 "즐겁게 하다"라는 동사이며, 명사는 entertainment로 "즐거움, 연예, 오락" 등의 다양한 뜻으로 사용된다.

05 그들은 응답하지 않는다.

They are not answered.
[th데이얼낱엔썰ㄷ]

answer은 동사와 명사 둘 다 쓰일 수 있으며, Answer the question. 하면 "질문에 대답하시오."라는 뜻으로 문제를 풀 때 많이 보이는 지시문이다.

06 그것은 예상되지 않는다.

It is not expected.
[이리ㅅ낱익쓰뻭티ㄷ]

"예상하다"는 뜻의 동사 expect의 명사는 expectation "기대, 예상"이다. 비슷하게 생긴 expert는 "전문가"라는 뜻이니 철자 c와 r 을 잘 구별하자.

07 난 충격 받지 않았다.

I was not shocked.
[아이워ㅅ낱셕ㅌ]

shock에서 o는 [ㅗ] 소리가 아니라 [ㅓ] 소리가 나도록 발음한다. shock를 우리말로 '쇼크'로 표기하더라도 영어 발음은 항상 조심해야 한다. culture shock도 이 단어를 사용한다.

초능력 연습 — 초능력을 기르게 해주는 문장 훈련

08 우리는 결혼하지 않았다.

We were not married.
[위월낱메뤼ㄷ]

"결혼식"은 wedding이다. wedding이 결혼 '의식'에 초점이 맞춰졌다면, marriage는 결혼 '생활, 상태'를 의미한다.

09 너의 고양이는 신났니?

Is your cat excited?
[이슈얼캩익싸이릳]

excite, amaze, surprise 등 감정을 나타내는 단어는, 사물이나 동물이 주어가 되어도 감정을 받는 상황이라면 과거분사를 사용한다. 감정을 주는 상황이라면 현재분사를 사용한다.
ex Is the game exciting? 그 게임은 재미있니?

10 그것은 발견되었니?

Is it found?
[이싯f파운ㄷ]

"발견하다, 찾다"는 뜻의 find는 find-found-found로 변한다. 그런데 found를 원형이 되어 found-founded-founded로 변하게 되면 "설립하다"라는 전혀 다른 뜻의 동사이다.

11 그것들은 요리되었니?

Were they cooked?
[월th데이쿡ㄷ]

사람들이 요리 당하는 해석을 하지 않으려면, 여기서 they는 요리되는 재료나 음식을 뜻하겠다. they가 사물 it의 복수도 됨을 잊는 경우가 있으니 주의하자.

12 그것은 필요했었니?
Was it needed?
[워싯니리ㄷ]

needed는 뒤에 -ed는 거의 소리 나지 않고, 중간에 있는 d가 [ㄹ]로 연음처리 되어 [니리ㄷ]라고 발음된다.

13 그것은 제공될 것이니?
Will it be served?
[위을잍비썰v브ㄷ]

serve는 "제공하다, 대접하다"라는 뜻으로, provide와 뜻이 같지만, provide는 좀 더 지속적인 공급의 의미를 가지고 있다.

14 그들은 놀랄 수 있니?
Can they be surprised?
[캔th데이비써프롸이즈ㄷ]

수동태를 조동사와 함께 써준다면 be동사의 원형인 be를 조동사 뒤에 써준다. 대답을 Yes/No로 할 수 있는 조동사나 be동사로 시작하는 의문문에서는 마지막 억양을 올려준다. 반대로 5W1H(Where, When, Who, What, Why, How) 의문사로 시작하는 의문문은 억양을 내려준다.

> **ex** Are you a student? ↗ 너는 학생이니? (대답: 예/아니오)
> What time is it now? ↘ 지금 몇시야? (대답: 3시)

15 너는 당황스러웠던 적 있니?
Have you been embarrassed?
[해v뷰빈임베뤄쓰ㄷ]

embarrassed는 "당황한"이라는 뜻이다. em-은 [음]이 아니라 [임]으로 발음하지만, 강세는 barr에 있기 때문에 세게 발음하지 않는다.

초능력 적용  말 터지는 블록 훈련

지금까지 이해한 문장들을 내 입에 착 붙도록 블록 훈련을 해보겠습니다.
기억해두고 싶은 문장이 있다면 체크해 두었다가, 모아서 길게 말하는 훈련을 해보세요!

우리말 문장을 영어로 바꿔 적어보고, 소리 내어 읽어 보세요.

01 청소

~로 덮여 있다
be covered with
로봇청소기
robot cleaner

- 책상이 먼지로 뒤덮여 있다.
- 내 집을 청소할 때다.
- 우리 집에서는 로봇청소기가 자주 사용된다.
- 그것은 편리하다.
- 또한 그것은 나의 시간도 절약해 준다.

02 참가 신청

신청서 **application**
참가비 **entry free**

- 그것은 3월 1일까지 제출되어야 한다.
- 마감 기한이 연장되었다.
- 신청서는 그들의 홈페이지에서 제출되어질 수 있다.
- 그리고 참가비는 없다.

03 고지서

공과금 고지서
utility bill
귀찮은, 성가신
annoying

- 나는 그저께 공과금 고지서를 받았다.
- 이 고지서는 납부되어야 한다.
- 나는 항상 고지서 요금들을 제때 납부한다.
- 그것은 귀찮은 것이다.
- 하지만 나는 이것을 해야 한다.

04 운동화

운동화 sneakers

이 운동화는 유명한 디자이너에 의해 디자인되었다.

운동화를 어디서 구매될 수 있니?

나는 친구에게 새 운동화를 사줄 계획이다.

그녀가 그것들을 좋아할 거라고 나는 확신한다.

05 발표

안건 issue
미리 ahead of time

다음 주에 그 발표가 걱정된다.

안건은 우리 팀에 의해 논의되어왔다.

우리는 미리 준비를 완료할 계획이다.

하지만 불가능해 보인다.

무엇이 행해질 필요가 있을까?

06 도난

훔치다 steal
설치하다 install
범인 criminal

나는 지갑을 도난당했다.

하지만 그 장소에는 감시카메라들이 설치되어 있었다.

나는 범인을 찾을 수 있었다.

그것은 예측하지 못한 것이었다.

07 선크림

선크림 sunblock / sunscreen
바르다 put on

우리는 선크림을 매일 발라야 한다.

그렇지 않으면 너의 피부는 탈 것이다.

선크림을 사용하는 것은 너의 피부에 중요하다.

외출할 때는 확실하게 선크림을 바르자!

28

I am good and kind?
I am good, and I am kind?

지금까지 잘 따라왔는지 확인해볼 겸,
오랜만에 간단한 빈칸 넣기 퀴즈를 준비했습니다.
바로 접속사 4총사 and, but, or, so를 이용한 문제예요.
아래 문장들을 보고, 괄호 안에 어떤 접속사가 들어가야 가장 자연스러운지 골라보세요.

1. I will play soccer _____ basketball at 4.
2. I want to drink first _____ eat later.
3. She went there _____ she is not here.

어떻게 고르셨나요? 정답과 함께 설명드릴게요.
(1) or → 축구를 할지 농구를 할지 선택의 상황이죠. 그래서 or(또는)이 맞습니다.
(2) and → 나열의 구조입니다. 먼저 마시고, 나중에 먹겠다는 순서를 말할 때는
and(그리고)가 자연스럽습니다.
(3) so → 그녀가 거기로 갔기 때문에, 여기 없는 것입니다.
원인과 결과의 인과관계이므로 so(그래서)가 알맞죠.
이 네 가지 접속사는 영어 문장 연결의 기초 중 기초입니다.
같은 품사끼리 이어주기도 하고, 두 개의 문장을 자연스럽게 연결해주는 가교 역할,
중매쟁이 역할을 해줍니다. 앞으로 영어 문장을 말하거나 쓸 때,
이 접속사 4총사를 잘 활용해 보세요. 문장의 폭이 훨씬 넓어집니다.

초능력 원리 ✦ 초능력 쌤의 문법 강의

이제까지 우리는 문장 하나를 만드는 데 집중해 왔어요. 주어, 동사, 시제, 조동사, 동명사, to 부정사, 수동태까지 열심히 배웠죠. 그런데! 이제는 그 한 문장을 넘어서, 문장과 문장을 연결해 보는 단계로 넘어갑니다.

예문을 살펴볼까요?

- I am Korean. 나는 한국인이다.　　　I am married. 나는 결혼했다.
    - → I am Korean and I am married. 나는 한국인이고 결혼했다.

두 사실을 단순히 나열할 때는 접속사 and를 사용하면 됩니다.

- I get up early. 나는 일찍 일어난다.　　　I am late for work. 나는 회사에 지각한다.
    - → I get up early, but I am late for work.
      나는 일찍 일어나지만, 회사에 지각을 한다.

일찍 일어났는데 지각을 한다고요? 이건 뭔가 반전이 느껴지지 않으신가요? 이럴 때는 but을 씁니다. 듣는 사람이 "어?" 하고 고개를 갸웃할 만한 예상 밖의 전개가 이어질 때는 but이 아주 효과적인 연결어예요.

- I will go home. 나는 집에 갈 것이다.　　　I will stay here. 나는 여기 있을 것이다.
    - → I will go home or I will stay here.
      나는 집에 가든지 여기 있을 것이다.

두 선택지 중 하나를 말하고 있네요. 이럴 때는 or을 씁니다. 둘 중 하나를 선택해야 하는 상황이구나, 하고 듣는 사람이 바로 이해할 수 있어요.

- It is raining. 비가 오고 있어요.　　　I don't want to go out. 밖에 나가고 싶지 않아요.
    - → It is raining, so I don't want to go out.
      비가 오고 있어서, 나는 밖에 나가고 싶지 않다.

비가 오니까 나가기 싫은 거죠. 원인과 결과 관계입니다. 이럴 땐 so를 씁니다.

이제 문장 하나로 끝내는 영어에서 벗어나 두 문장을 부드럽게 연결하는 영어로 한 단계 성장했습니다. 접속사 and, but, or, so만 잘 써도 영어가 훨씬 더 풍성하고 유창하게 들리기 시작합니다. 이제 우리도 긴 문장 말할 수 있습니다. 길게 말할수록, 내가 진짜 하고 싶은 이야기를 더 정확히 전달할 수 있다는 것, 잊지 마세요!

초능력 연습 — 초능력을 기르게 해주는 문장 훈련

이제 문법이 살아 숨 쉬고 있는 회화 문장들을 살펴볼까요?
발음에 유의하며 세 번씩 읽어보세요.

> 스스로 점검해 볼 수 있도록 체크리스트에 체크해 주세요.

01 나는 돈과 사랑이 필요해.

I need money and love.
[아이 닏 머니 엔 러ㅂ]

money와 love는 셀 수 없는 명사이기 때문에 앞에 관사를 붙여주지 않는다. 다른 불가산명사로는 coffee, water, kindness, milk, air 등, 그리고 가산명사로 착각하기 쉬운 information, news, furniture, advice 등이 있다. 헷갈릴수록 직접 예문을 만들어보자.

02 너는 바쁘고 피곤하다.

You are busy and tired.
[유 얼 비시 엔 타이얼ㄷ]

tired는 "피곤한"이라는 뜻으로, 자동차 타이어의 tire와 발음이 같다. 그만큼 뒤에 있는 -d는 소리 내지 않도록 하자.

03 그녀는 많이 먹고 마신다.

She eats and drinks a lot.
[쉬 잍ㅊ 엔 드링썰랕]

drinks a lot은 drinks의 -s와 a가 붙어 [드링썰랕]으로 발음된다. a lot은 모음이 두 개라고 따로 발음하지 말고, 거의 한 음절로 들리도록 빠르게 소리 내자.

04 그것은 짧고 저것은 길다.

This is short and that is long.
[th디ㅅ이ㅅ숄ㅌ엔th뎉이슬롱]

this는 "이것"으로 말하는 사람과 가까이에 있는 것을 가리키고, that은 "저것"으로 저기 멀리 있는 것을 지칭한다.

05 그녀는 예쁘지만 친절하지 않다.

She is cute but unfriendly.
[쉬이ㅅ큐ㅌ벋언f프뤤리]

unfriendly는 friendly "친근한, 친절한"이라는 단어에, 부정 접두사 un-이 붙어서 "불친절한"이라는 뜻이다. 결국 not friendly와 같은 뜻이다.

06 그들은 약속했지만 오지 않았다.

They promised but did not come.
[th데이프롸미쓰ㄷ벋딛낱컴]

promise에서 o는 [ㅗ] 보다는 [ㅘ]에 가깝게 발음한다. appointment도 "약속"이라는 뜻이지만, 보통 공식적으로 정해진 시간에 하는 약속을 뜻한다. 반면에 promise는 말로 하는 약속이나 맹세의 뉘앙스이다.

07 나는 기억나지는 않지만, 그것을 알고 싶다.

I do not remember but want to know it.
[아이두낱뤼멤벌벋원투노우잍]

remember는 명사로는 "기억", 동사로는 "기억하다"라는 뜻이다. memorize와 헷갈릴 수 있지만, 이 단어는 무언가를 외울 때 "암기하다"라는 뜻의 동사이다.

초능력 연습 초능력을 기르게 해주는 문장 훈련

08 나는 그것을 보고 싶어서 거기에 갔다. ······················ 1st 2nd 3rd

I wanted to see it, so I went there.
[아이워닏투씨잍쏘아이웬th데얼]

> so는 "그래서, 그러니까"라는 뜻을 가지고 있고, 같은 의미로 so that을 쓸 수 있다. that 뒤에는 완벽한 절이 온다.
> **ex** I went there so that I could see it. 나는 그것을 보기 위해 거기에 갔다.

09 비가 오고 있지 않으니 가자. ······································ 1st 2nd 3rd

It is not raining, so let's go.
[이리ㅅ낱뤠이닝쏘을렡츠고]

> so는 앞 문장과 뒷 문장의 인과 관계를 나타내는 데에 주로 사용된다. 예문은 비가 오지 않는 상황이 원인이 되어 가자는 제안을 하고 있다.

10 우리는 스키 타는 것을 즐겨서 집에 머무를 수 없다. ··········· 1st 2nd 3rd

We enjoy skiing, so we cannot stay home.
[위인죠이스끼잉쏘위캔낱스떼이홈]

> home은 명사로 "집, 가정", 형용사로 "국내의, 집에서 만든", 그리고 부사로 "집에"라는 3가지의 품사로 쓰인다. 예문에서는 부사로 쓰였다. 부사이므로 동사 stay 뒤에 in, at 등의 전치사가 필요 없다.
> **ex** I'll get home soon. 나는 곧 집에 도착할거야.

11 그들은 정직하고 친절하니? ······································· 1st 2nd 3rd

Are they honest and kind?
[얼th데이어니스텐카인ㄷ]

> honest는 "정직한, 솔직한"이라는 뜻의 형용사이며, h로 시작한다고 해서 [ㅎ]소리가 나지 않는다.
> **ex** honor [어널] 존경 / 존경하다, 경의를 표하다

12 그 제품은 좋은데 비싸니?
Is the product good but expensive?
[이ㅅth더프뤄덕ㅌ굳벝익ㅆ뻰씹v]

expensive와 같이 보통 3음절의 형용사는 비교급을 만들 때, -er을 붙이지 않고 앞에 more을 붙여준다.
ex It is more expensive. 그것은 더 비싸다.

13 그것은 좋고 건강할 수 있니?
Can it be good and healthy?
[케닡비구렌헤을th띠]

health는 명사로 "건강", healthy는 형용사로 "건강한"이다. health club은 우리나라에서만 자주 쓰는 단어로, 미국에서는 gym 또는 fitness center를 더 많이 사용한다.

14 나는 돈과 사랑 모두 믿는다.
I trust both money and love.
[아이츄뤄스ㅌ보th머니엔럽v]

both A and B는 "A와 B 둘 다"라는 뜻의 표현이다. 주어로 쓰이면 당연히 복수동사로 쓴다.
ex Both you and I are pretty. 너와 나는 둘 다 예쁘다.

15 너와 나 둘 중 한 사람이 맞다.
Either you or I am right.
[이th덜유올아엠롸잍]

either A or B는 "A 또는 B"라는 뜻으로 둘 중 하나를 고를 때 쓰인다. 주어동사 수일치는 B에 맞춘다.
ex Either I or you are right. 나와 너 둘 중 한 사람이 맞다.

초능력 적용 — 말 터지는 블록 훈련

지금까지 이해한 문장들을 내 입에 착 붙도록 블록 훈련을 해보겠습니다.
기억해두고 싶은 문장이 있다면 체크해 두었다가, 모아서 길게 말하는 훈련을 해보세요!

> 우리말 문장을 영어로 바꿔 적어보고, 소리 내어 읽어 보세요.

01 노트북

노트북 laptop(computer)
휴대가 쉬운 portable

- 나는 새 노트북을 살 계획이다.
- 그것은 매우 휴대하기 쉽고, 사용하기에도 쉽다.
- 나는 주로 영화를 보거나 영어 공부를 하려고 그것을 사용한다.
- 너는 너의 노트북을 어디서 샀니?

02 아파트

이사하다 move
~의 앞에 in front of

- 나는 최근에 새 아파트로 이사했다.
- 아파트는 올해 지어졌다.
- 아파트 앞에 공원이 있다.
- 그것은 우리 집에서부터 5분 떨어져 있다.
- 그래서 나는 거기에 거의 매일 간다.

03 첫인상

첫인상 first impression
냉소적인 cynical

- 그녀의 첫인상은 어땠니?
- 그녀는 약간 차가워 보였지만, 사실은 친절했어.
- 그녀는 냉소적이지 않았어.
- 우리는 사람을 그들의 외모로 판단해서는 안 된다.

04 대중교통

대중교통 public transportation
멀리에 far away

나는 돈을 절약하기 위해 대중교통을 이용한다.

너는 어떤 종류의 대중교통을 가장 자주 이용하니?

나는 직장까지 매일 지하철을 이용한다.

나의 회사가 멀어서 나는 지하철에서 많은 것들을 할 수 있다.

05 슈퍼마켓

할인 쿠폰 discount coupon

나는 일주일에 한 번 그 슈퍼마켓에 간다.

슈퍼마켓에는 꽃 가게도 있다.

나는 오늘 과일과 채소를 샀고, 꽃 가게에선 장미꽃 몇 송이도 샀다.

나는 며칠 전에 웹사이트에서 10% 할인 쿠폰을 받았다.

06 지각

놓치다 miss
서두르다 hurry up

나는 일찍 일어났지만, 학교에 지각했다.

나는 버스를 놓쳤다.

또 지각하고 싶지 않다.

왜냐하면 일주일 동안 학교에 지각하고 있기 때문이다.

아침에 서둘러야 한다.

07 배낭여행

배낭여행 backpacking

난 유럽으로 배낭여행 갔었다.

박물관들을 방문하고, 맛있는 음식을 먹었다.

나는 많은 사람들을 만나서 전혀 힘들지 않았다.

너도 배낭여행 가보는 게 어때?

29

I'm popular because I am cool?
I'm popular. Because I am cool?

영어를 말하다 보면, 정말 자주 쓰이게 되는 게 바로 접속사입니다.
특히 회화에서 그렇죠. 그런데 그만큼 자주 쓰는 단어인데도,
발음 실수가 참 많이 일어나는 친구들이기도 해요.
because를 [비코우즈]라고 발음하는 분들 많습니다.
when을 [휀], after를 [애프터]로요. if나 before는 심지어 f 발음이
통째로 사라지는 경우도 제법 자주 보이죠.
왜 그럴까요?
이 단어들이 워낙 자주, 반복적으로 회화에 등장하다 보니,
처음에 잘못 익힌 발음이 그냥 굳어버리는 경우가 많기 때문입니다.
영어는 문장 전체의 유창함도 중요하지만,
자주 쓰는 기본 단어일수록 정확한 발음이 전달의 핵심이 됩니다.
지금 이 기회에 정확한 발음을 다시 한번 점검해 보시고,
자주 쓰는 만큼 정확히 말할 수 있게 연습해 보시면 좋겠습니다.

초능력 원리 — 초능력 쌤의 문법 강의

실수한 기억도 없는데, 틀렸다는 이야기를 들으면 정말 당황스럽습니다. 내가 뭘 잘못했지? 억울한 마음이 들기도 하죠. 저도 유학 시절에 그런 경험이 있었습니다. 어느 수업 시간, 제가 이렇게 문장을 썼습니다.

It is true. Because it happened. 그것은 사실이다. 왜냐하면 그것이 일어났으니까.

그런데 이 문장에 선생님이 굵은 빨간 줄을 그어주셨습니다. 처음엔 저도 속으로 "이게 왜 틀리지?" 싶었습니다. Because I love you라는 문구가 얼마나 많은 영어 노래에 나오는지 모릅니다. 그런데 왜 내 문장은 틀렸다는 걸까요?

자, 이 부분에서 우리가 정확히 알아야 할 문법 규칙이 있습니다. because는 "~이기 때문에"라는 뜻을 가진 접속사예요. 그래서 because 다음에는 주어와 동사가 있는 절이 와야 합니다. 중요한 건, 그 절 하나만으로는 문장이 완성되지 않는다는 점이에요. Because I love you. 이건 운문, 즉 시나 노래 가사로는 예쁠 수 있지만, 표준 문장으로는 부족합니다. 왜냐하면 문장은 완전한 의미 전달을 해야 하기 때문이죠. because로 시작한 문장은 이유를 설명해주는 거니까, 결과가 이어지는 문장이 반드시 뒤따라야 해요.

Because I love you, I want to marry you. 내가 너를 사랑하기 때문에, 너와 결혼하고 싶어.

우리가 자주 쓰는 다른 접속사들도 마찬가지예요. 모두 접속사 다음에 절이 나오고, 뒤에 또 다른 절이 이어지는 구조입니다. 완전한 문장 두 개를 연결해주는 것, 이것이 이 접속사들의 역할이에요.

When I listen to music, I am happy. 음악을 들을 때, 나는 행복하다.
Before you go, I will give you money. 네가 가기 전에, 나는 너에게 돈을 줄 거야.
After she left, he became angry. 그녀가 떠난 후, 그는 화가 났어.
If you are there, I will go there. 네가 거기 있다면, 나도 거기 갈게.
Although he smiles, he is sick. 그가 웃고 있을지라도, 그는 아파.

그리고 문장의 순서에 따라 쉼표(,) 사용에도 차이가 있어요.

When I listen to music, I am happy. → 앞에 when절이 나오면 쉼표 사용 ○
I am happy when I listen to music. → 뒤에 when절이 나오면 쉼표 사용 ✗

이런 연결 문장들이야말로 영어 문장의 폭을 넓혀주는 핵심입니다. 천천히, 한 문장씩 익혀보면서 연결하는 재미를 느껴보세요.

초능력 연습 초능력을 기르게 해주는 문장 훈련

이제 문법이 살아 숨 쉬고 있는 회화 문장들을 살펴볼까요?
발음에 유의하며 세 번씩 읽어보세요.

> 스스로 점검해 볼 수 있도록 체크리스트에 체크해 주세요.

01 그것은 어렵기 때문에 우리는 조심해야 한다. ········· 1st 2nd 3rd

Because it is difficult, we should be careful.
[비커시리ㅅ디f피커을ㅌ위슏비케얼f푸을]

> because는 접속사이므로 뒤에 절이 온다. 원래는 이 절 하나만으로는 완전한 문장이 아니라서 주절이 필요한데, 구어체에서는 종종 허용되기도 한다.
> **ex** I want to rest. Because I don't like this. (✗)
> I want to rest because I don't like this. (○)

02 내가 여기 있으니 너는 괜찮을 거야. ········· 1st 2nd 3rd

You will be okay because I am here.
[유위을비오케이비커사임히얼]

> It's okay. I am okay.는 모두 "괜찮아."라는 뜻이다. 주어 없이 Okay!만 쓴다면 "알겠어!"라는 뜻으로 쓰인다.

03 나는 한가하기 때문에 너를 도와줄 수 있어. ········· 1st 2nd 3rd

Because I am free, I can help you.
[비커사임f프뤼아이캔헤읖뷰]

> free는 "자유로운, 자유의"라는 뜻인데, 주어를 사람으로 하여 I am free. "나 한가해."라는 뜻으로 자주 사용된다.

04 나는 일이 끝난 후에 집에 가고 싶다.

After I finish work, I want to go home.
[에f털아이f피니쉬th더월ㅋ아이원투고홈]

after는 "~한 후에"라는 뜻으로, 접속사로 쓰이면 절이 이어지고, 전치사로 쓰이면 명사가 온다.
ex After a delay, I finally boarded a flight. 지연 후에, 마침내 비행기에 탑승했다.

05 나는 그것을 살 때, 행복할 것이다.

I will be happy when I buy it.
[아위을비햅삐웨나이바이잍]

when은 접속사이면 "~할 때", 의문사이면 "언제"라는 의미로 쓰인다.
ex When does the concert begin? 그 콘서트는 언제 시작해?

06 나는 네가 돌아올 때까지 자고 있을 것이다.

I will be sleeping until you come back.
[th데이프롸미쓰ㄷ벝딘낱컴]

until은 어떤 행위가 특정 시간까지 쭉 계속되는 "~까지"라는 뜻이며, 접속사와 전치사 둘 다 가능하다.
ex I stayed at the café until 6 pm. 나는 오후 6시까지 카페에 있었다.

07 우리가 만난 지 꽤 지났다.

It's been a while since we met.
[잍츠비너와이을씬ㅆ위멭]

since는 "~이래로, 이후로"라는 뜻으로, 접속사와 전치사 둘 다 가능하다.
ex I have lived in Busan since last summer. 나는 작년 여름부터 쭉 부산에 살고 있다.

초능력 연습 - 초능력을 기르게 해주는 문장 훈련

08 우리는 문제가 있음에도 불구하고 난 슬프지 않다.

Although we have a problem, I am not sad.
[어올th 도위해v 버프뤄블럼 아엠낱쎄ㄷ]

> although는 "~에도 불구하고, 비록 ~일지라도"라는 뜻으로, even though와 같은 의미의 접속사이다. 따라서 절만 와야 한다.

09 내가 그 시험을 합격했음에도 불구하고 그것은 끝나지 않았다.

Even though I passed the test, it is not over yet.
[이v븐th 도아이페쓷th더테스ㅌ이리ㅅ낱오v벌옡]

> be over는 "끝나다"라는 뜻으로, 항상 목적어 없이 쓰인다. 비슷한 의미의 동사 end가 있다.
> **ex** The computer game ended 5 minutes ago. 그 컴퓨터 게임은 5분 전에 끝났다.

10 내가 샤워하는 동안 그들이 나를 불렀다.

They called me while I took a shower.
[th데이커을미와이을아이툭꺼샤월]

> while은 "~하는 동안"이라는 뜻의 절을 이끄는 접속사이다. 또 "반면에"라는 뜻으로 대조할 때도 쓰인다.
> **ex** While my brother is good at swimming, I am poor at it.
> 내 남동생이 수영을 잘하는 반면에, 나는 잘 못한다.

11 그는 어리기 때문에 그곳을 갈 수 없다.

Since he is young, he cannot go there.
[씬ㅆ히이ㅅ영히캔낱고th데얼]

> since는 "~이래로, 이후로"이지만, because와 같은 뜻인 "~때문에"로도 쓰인다.
> **ex** Since it's raining outside, we should stay home.
> 밖에 비가 오고 있기 때문에 우리는 집에 있어야 한다.

12 나는 그 계절이 올 때 외로움을 느낀다.

I feel lonely as the season is coming.
[아이f피을로은리에ㅅth더씨슨이ㅅ커밍]

as는 접속사로 쓰이면 "~할 때, ~때문에, ~하면서, ~만큼" 등 여러 가지 의미를 가진다. 해석 시 문맥상 자연스러운 해석을 찾아내는 유연성이 필요하다. 그러려면 많이 읽고, 듣고, 말해보자!

13 너는 가기 전에 나를 깨워줘.

Wake me up before you go.
[유웨잌미엎비f포올유고]

"~전에"라는 의미의 접속사 before는 시간을 나타내는 부사절이 되면, 미래의 일이라도 will을 사용하지 않는다.

ex He will call me before he will go to work. (X) 그는 일하러 가기 전에 나에게 전화를 할 것이다.
He will call me before he goes to work. (O) 그는 일하러 가기 전에 나에게 전화를 할 것이다.

14 내가 시간이 있다면, 너에게 전화할게.

I will call you if I have time.
[아이윌컬유이f파이햅v타임]

if가 명사절을 이끄는 접속사면 whether와 항상 비교가 된다. whether는 뒤에 or not을 붙일 수 있으나, if는 불가능하다. If 절은 주어의 자리에 위치할 수 없으나 whether 절은 가능하다.

ex I don't know whether it is expensive or not. (O) 나는 그것이 비싼지 아닌지 모르겠다.
I don't know if it is expensive or not. (X)　I don't know if it is expensive. (O)

15 내가 끝나자마자 너에게 이메일 할게.

I will email you as soon as I am done.
[아위을이메이을유에쑨에사엠던]

as soon as는 "~하자마자"라는 뜻의 접속사이며, the moment 또는 the instant와 바꿔 써도 된다. 이 둘 역시 접속사이므로 절을 이끈다.

ex As soon as he arrived, he called her. 그가 도착하자마자 그녀에게 전화했다.
= The moment/instant he arrived, he called her.

초능력 적용  말 터지는 블록 훈련

지금까지 이해한 문장들을 내 입에 착 붙도록 블록 훈련을 해보겠습니다.
기억해두고 싶은 문장이 있다면 체크해 두었다가, 모아서 길게 말하는 훈련을 해보세요!

우리말 문장을 영어로 바꿔 적어보고, 소리 내어 읽어 보세요.

01 면접

구직 finding a job
통과하다 pass

- 면접은 구직에서 가장 중요한 부분이다. _____
- 그리고 너는 지금까지 잘 해왔다. _____
- 면접 보기 전에 긴장하지 마. _____
- 면접이 어렵더라도 너는 그것을 통과할 거야. _____

02 미세먼지

미세먼지 fine dust
심각한 serious

- 날마다 더 따뜻해지고 있다. _____
- 나는 봄이 바로 코 앞이라는 것을 느낄 수 있다. _____
- 우리는 봄에 다양한 야외활동들을 즐길 수 있다. _____
- 비록 날씨가 좋더라도, 봄철에 미세먼지 문제는 꽤 심각하다. _____

03 독립

독립적인 independent
극복하다 overcome

- 나는 더 이상 어린애가 아니기 때문에, _____
- 나는 부모님으로부터 독립해야 한다. _____
- 혼자 사는 것은 모두에게 힘든 일이다. _____
- 나는 많은 어려움이 있을 것을 알지만, _____
- 나는 그것들을 극복할 것이다. _____

04
야근

야근하다 work overtime
노력을 들이다 work on

나는 빈번하게 야근을 한다.

우리 부서가 새 프로젝트를
시작했기 때문에,

우리는 지금 그것에 열중하고 있다.

나는 야근 때문에 지친다.

나는 주말을 무지 기다리고 있는 중이다.

05
감기

감기에 걸리다 catch a cold
기침 cough

옷을 따뜻하게 입었음에도 불구하고,
나는 감기에 걸렸다.

나는 열과 기침이 난다.

감기 때문에 병원에 갔다.

의사는 내가 휴식을 취하고 따뜻한
물을 많이 마셔야 한다고 말했다.

06
외국인 친구

교환 학생 exchange student

나는 캐나다에서 온 친구가 있다.

그녀는 캐나다에서 온 교환 학생이었다.

그녀가 처음 한국에 왔을 때,
그녀는 한국어를 전혀 못 했다.

이제 그녀는 한국말을 잘한다,

한국에서 2년 동안 살았기 때문이다.

07
신용카드

신용카드 credit card
남용하다 overuse

너 신용카드 갖고 있어?

더 편리하기 때문에, 많은 사람들이
신용 카드들을 사용한다.

나는 신용카드 3개를 갖고 있다.

그러나 나는 그것들을 남용하지
말아야 한다.

30

I focus the project?
I focus on the project?

전치사는 생각보다 '조용히' 있어야 제 맛입니다.
그런데 우리나라 사람들만큼 전치사에 유독 진심인 민족도 드뭅니다. 왜일까요?
시험 때문입니다. 학창 시절을 떠올려보세요. 영어 시험에서 틀리게 만드는 1위가 바로
이 조그마한 전치사였습니다. 넣을지 안 넣을지, on인지 at인지, for인지 since인지…
그 트라우마 때문인지, 말할 때도 전치사에 유난히 힘을 줍니다.
"나 이 전치사, 완전 정확하게 쓰고 있다는 거 보여주고 싶다!"
이런 무의식이 작동하는 거죠. 예를 들어볼까요?
I am interested in music. 나는 음악에 관심이 있어.
이 문장에서 in을 엄청 크고 강하게 소리 내는 분들 많습니다.
그런데 원어민들은 그렇게 말하지 않아요. 오히려 interested와 in이 붙어서
한 덩어리로 [인터웨스티린]으로 부드럽게 나옵니다.
또 이런 예도 있습니다. for four years 4년 동안 여기서 for을 [포오오오얼] 하면서
길고 강하게 말하면, "44년(forty-four years)"처럼 들리기도 합니다.
그러니 말할 때 전치사는 소리의 주인공이 아니란 점을 기억하셔야 합니다.
전치사는 의미를 연결해주는 조력자, 연결자일 뿐입니다.
그래서 발음도 크게 하지 말고, 살짝 흘리듯이, 자연스럽게
처리하는 게 영어 회화에서 훨씬 자연스럽고 매끄럽습니다.

초능력 원리 — 초능력 쌤의 문법 강의

전치사는 말 그대로 명사 앞에 위치하는 단어입니다. 그런데 역할은 단순하지 않아요. 문장에서 아주 세련된 역할을 하죠. 명사 하나만 덩그러니 있으면, 주어나 목적어 노릇 정도밖에 못 하는데요. 전치사가 앞에 나타나면, 그 명사는 전혀 다른 뉘앙스와 기능을 가지게 됩니다.

room 이 단어 하나만 있으면, 어디에 있는 방인지, 무슨 의미인지 알 길이 없습니다. 그런데 in my room이라고 하면? "내 방 안에서"라는 의미있는 정보가 생기죠. in이라는 전치사 하나 덕분에 명사가 힘을 얻는 겁니다. 그럼 자주 쓰이는 전치사들을 몇 가지 소개해볼게요.

- **for you** 너를 위해 | 노래 제목 중 For You 아시나요? 고백할 때도, 선물할 때도, 편지 쓸 때도 단골입니다. 상대방을 향한 마음을 표현할 때 쓰이는 전치사 for.

- **on the table** 테이블 위에 | on은 물리적으로 어떤 것의 위에 얹힌 상태를 표현합니다. 책상, 바닥, 벽 등 표면에 접촉한 상태일 때 on!

- **in the city** 도시 안에 | in은 눈에 다 안 들어올 정도의 큰 공간, 예를 들면 도시(city), 나라(country), 방(room) 같은 것 안에 있을 때 씁니다. at the building처럼 더 작은 지점은 at이 어울립니다.

- **about the news** 뉴스에 관하여 | 기사를 읽거나, 이야기를 들을 때 그 내용이 무엇인지를 말하고 싶다면 about이 딱입니다. 내용, 주제를 다룰 때는 about!

- **with my smartphone** 스마트폰으로 | 내 손 안에 들어오는 도구들, 즉 작고 손에 잡히는 것은 with와 함께 쓰는 경우가 많습니다. 그런데, 버스나 택시 같은 큰 수단엔 by를 쓰는 걸 기억해 주세요.

- **to the hospital** 병원으로 | 어딘가로 가는 방향을 나타낼 때는 to. 특히 go와 짝꿍입니다. 헷갈리기 쉬운 게 to 부정사인데, 그건 동사 앞에 붙는 거고 지금은 전치사 to입니다. go to the park처럼 장소를 향할 때 반드시 to를 써주세요.

초능력 연습 — 초능력을 기르게 해주는 문장 훈련

이제 문법이 살아 숨 쉬고 있는 회화 문장들을 살펴볼까요?
발음에 유의하며 세 번씩 읽어보세요.

스스로 점검해 볼 수 있도록 체크리스트에 체크해 주세요.

01 나는 서울에 산다.

I live in Seoul.
[아이리v빈서울]

> live in은 연음 처리되어 [을리v빈]으로 발음한다. 우리말은 영어로 쓰여도 외국인처럼 [쏘우울]이라고 하지 말고 그냥 [서울]이라 하자.

02 나는 은행에서 너를 만날 것이다.

I will meet you at the bank.
[아위을밑츄옡th더뱅크]

> at이나 in은 다음에 장소가 나오면 "~에"라는 뜻으로, 그 지점을 정확히 집어줄 때 쓰인다.
> **ex** She is at the park. 그녀는 공원에 있다.
> They have a conversation in the restaurant. 그들은 식당에서 대화하고 있다.

03 그 일은 3시 정각에 발생했다.

It happened at 3 o'clock.
[이래쁜덷th뜨뤼어클락]

> o'clock은 보통 3시 0분 0초, 이렇게 정확한 시각을 나타낼 때 주로 사용한다. at 3만 사용해도 좋다. 시각 앞에는 전치사 at을 쓴다.

04 우리는 크리스마스 날에 모인다.

We gather on Christmas.
[위게th덜온th더크뤼ㅆ머ㅅ]

on은 뒤에 날짜가 주로 오는 전치사로 특정한 날이나 요일 앞에 쓸 수 있다.
- **ex** See you on March 5th. 3월 5일에 보자.
  I will meet him on Saturday. 나는 토요일에 그를 만날 것이다.

05 그녀는 3일 동안 연습했다.

She practiced for 3 days.
[쉬프렉티쓷f폴th뜨뤼데이ㅅ]

"~동안"이라는 뜻의 전치사는 for와 during이 있다. for는 how long(기간)에 대한 답으로 구체적인 시간이, during은 when(시점)에 대한 답으로 구체적이지 않은 기간이나 시점과 어울린다.
- **ex** The flight was delayed for 3 hours. 비행편이 3시간 동안 지연됐다.
  I fell asleep during the movie. 나는 영화 도중에 잠들었어.

06 나는 내 친구들과 자주 그것을 한다.

I usually do it with my friend.
[아이유즈을리두잍윝th마이f프렌드]

빈도부사는 자주하는 순으로 always(100%, 항상) > usually > often > sometimes > seldom > never(0%, 절대/결코 ~아닌)가 있다. 이러한 빈도부사들의 위치는 be 동사와 조동사 뒤에, 일반동사 앞에 위치한다.
- **ex** I am always trying to lose weight. 나는 항상 살 빼려고 노력하는 중이다.

07 나는 지하철로 출근한다.

I go to work by subway.
[아이고우루월ㅋ바이썹웨이]

by는 수단을 나타내며 "~로, ~를 통해"라는 뜻이다. 교통편을 표현할 때는 관사 없이 바로 교통수단을 붙이면 된다. by car, by bus, by taxi, by train. 그러나 "걸어서"는 on foot이라고 표현한다. **ex** It takes 5 minutes on foot. 걸어서 5분 걸려.

초능력 연습 | 초능력을 기르게 해주는 문장 훈련

08 나는 내 스마트 폰으로 그것을 한다.

I do it with my smartphone.
[아이두잍윝th마이스말f폰]

with는 "~와 함께, ~을 가지고 있는, ~을 이용해서" 등 다양한 뜻을 가지고 있다. 예문에서는 "~으로, ~을 이용해서"라는 도구나 수단을 표현하는 전치사로 쓰였다.
ex The girl is cutting paper with scissors. 소녀는 가위로 종이를 자르고 있다.

09 나는 방학 동안 아무것도 하지 않았다.

I did nothing during the vacation.
[아이딛낱th띵쥬링th더v베케이션]

during은 "~동안"이라는 뜻으로 d를 [ㄷ]로 발음하지 않고 [ㅈ]에 가깝게 [쥬링]으로 발음한다. during은 시작과 끝이 확실한 특정 기간, for은 일반적인 기간을 뜻한다.

10 나는 네가 깰 때까지 TV를 볼 것이다.

I will watch TV until you wake up.
[아위을워ㅊTV언티올유웨일껖]

wake up 은 "깨다"라는 뜻이다. 이외에도 "정신 차리다"라는 뜻도 있다.
ex Did I wake you up? 내가 너 깨운 거야?
The fresh air wakes me up in the morning. 아침에 신선한 공기가 정신 차리게 한다.

11 4시까지 그것을 끝내주세요.

Please finish it by 4.
[플리ㅅf피니쉴바이f포올]

by는 "~까지"라는 뜻도 있다. until은 특정 시점까지 동작이 계속된다는 의미가 있다면, by는 그 시점에 완료된다는 의미가 있다.
ex I need to finalize this by next Thursday. 나는 이거 다음 주 목요일까지 마무리해야 해.

12 나는 이틀 후에 너를 볼 것이다.

I will see you in two days.
[아위을씨유인투데이ㅅ]

in은 기본적으로 "~안에"라는 뜻인데, 기간과 함께 쓰이면 "(기간) 안에"라고 해석된다고 생각하겠지만, "(기간) 후에"라는 뜻으로 쓰인다. within이 "(기간) 안에, 이내에"란 뜻이다.

13 나는 프로젝트에 집중한다.

I focus on the project.
[아이f포꺼손th더프뤄젝ㅌ]

"~에 집중하다"라는 focus on의 동의어는 concentrate on, pay attention to 등이 있다. 모두 전치사로 끝나고 있으므로 명사 혹은 동명사를 목적어로 취한다.

> **ex** I have to concentrate on the assignment. 나는 숙제에 집중해야 한다.
> I will pay attention to writing the report. 나는 보고서 쓰기에 집중할 것이다.

14 그것은 너에게 달려있다.

It depends on you.
[잍드펜손유]

depend on은 "~에 달려있다"라는 뜻으로, pend에 강세가 있기 때문에 앞에 de를 작게 소리 내주자. 같은 의미로 rely on이 있다.

15 나는 예술에 관심이 있다.

I am interested in art.
[아엠인터뤠스티린아알ㅌ]

be interested in에서 be 동사 대신 get이나 become을 쓰면, 변화가 생김을 내포하여 "관심을 갖게 되다"라는 뜻이 된다.

> **ex** I become nervous when I speak in front of many people.
> 나는 많은 사람들 앞에서 말할 때, 긴장하게 된다.

초능력 적용 말 터지는 블록 훈련

지금까지 이해한 문장들을 내 입에 착 붙도록 블록 훈련을 해보겠습니다.
기억해두고 싶은 문장이 있다면 체크해 두었다가, 모아서 길게 말하는 훈련을 해보세요!

> 우리말 문장을 영어로 바꿔 적어보고, 소리 내어 읽어 보세요.

01 공항

~하기로 하다
be supposed to

공항은 항상 많은 사람들로 붐빈다. _____

나는 2시에 거기서 친구 한 명을 만나기로 했다. _____

나는 네 시까지 거기에 도착해야 한다. _____

나는 셔틀버스로 공항에 갈 예정이다. _____

02 장래희망

~에 달려있다
depend on
의지력 willpower

너는 장래희망이 뭐야? _____

나는 선생님이 되고 싶어. _____

모든 것은 나의 의지력과 노력에 달려있어. _____

나는 실패가 두렵지 않아. _____

나는 계속 노력할 것이야. _____

03 라면

끓다 boil
냄비 pot
추가하다 add

라면 요리할 줄 아니? _____

그것들은 만들기 쉽고 간단해. _____

우선, 너는 물이 끓기 시작할 때까지 기다려야 해. _____

물이 끓을 때, 냄비에 라면을 넣어줘. _____

너는 요리하는 동안에 계란을 추가할 수 있어. _____

04 스마트폰

~에 중독되다
be addicted to
~없이 without

많은 사람들은 스마트폰을 사용한다.

나는 내 것을 사용하는 것에 중독되었다.

나는 그것을 가지고 많은 것들을 할 수 있다.

나는 그것을 이용해서 온라인 쇼핑을 할 수 있다.

그것이 없으면, 나는 많은 것들을 포기해야 한다.

05 화장품

화장품 cosmetics
할인된 가격으로
at discounted prices

난 화장품에 관심이 있다.

특히 립스틱을 좋아한다.

나는 주로 백화점에서 화장품을 구매한다.

나는 그것들을 할인된 가격으로 살 수 있다.

내가 화장품을 자주 구매했기 때문에.

06 엘리베이터

우연히 ~하다
happen to 동사원형
일상생활 daily life

나는 엘리베이터에서 친구 하나를 우연히 만났다.

엘리베이터는 사람들로 가득 차 있지 않았다.

내가 엘리베이터를 탔을 때, 그녀는 신문을 읽고 있었다.

나와 그녀는 일상생활에 대해 이야기했다.

07 텔레비전

과자 snack
소리치다 yell

내 방에 텔레비전이 있다.

텔레비전으로 야구를 보는 것을 좋아한다.

어느 날, 나는 텔레비전을 보는 동안 과자를 먹고 있었다.

내가 너무 많은 시간을 텔레비전 보는데 썼기 때문에 엄마는 소리쳤다.

정답 초능력 적용

01 I go? Me go?

1.
   - I work.
   - You work.
   - She works.
   - We work.
2.
   - He dances.
   - Ji-min dances.
   - My friend dances.
   - They dance.
   - People dance.
3.
   - I stay.
   - My sister stays.
   - She stays.
   - We stay.
   - My family stays.
4.
   - You talk.
   - She talks.
   - You and she talk.
   - People talk.
5.
   - I go.
   - My brother goes.
   - He goes.
   - He and I go.
   - We go.
6.
   - Young-soo replies.
   - He replies.
   - I reply.
   - He and I reply.
   - We reply.
7.
   - I leave.
   - You leave.
   - He leaves.
   - My family leaves.

02 I like you? I am like you?

1.
   - I like the convenience store.
   - It is near my home.
   - I often go there.
   - The workers are very kind.
2.
   - My friend is good-looking.
   - He is busy.
   - So we meet once a week.
   - We are close.
   - We share our concerns with each other.
3.
   - A soccer game is fun.
   - My friend and I love it.
   - But it is difficult.
   - I practice a lot.
   - I do it in a stadium.
4.
   - I watch movies regularly.
   - The movie theater is big.
   - Its facilities are great.
   - Many people go there.
5.
   - Cooking needs a lot of effort.
   - I prepare for it in advance.
   - I buy ingredients at a grocery store.
   - It is not simple.
6.
   - I surf the Internet.
   - I get information.
   - I use my computer to do it.
   - It is very convenient.
7.
   - I love my family.
   - My siblings are students.
   - So they get up early in the morning.
   - They study hard.

03 I speak?
He speak?

1. · My English class starts at 4 p.m.
   · My friend and I take the class.
   · We go to the class three times a week.
   · This class is easy.
2. · I have many books.
   · My sister reads them.
   · It helps her a lot.
   · My mother likes it.
3. · My husband works.
   · He arrives there at 9 a.m.
   · He checks his e-mail messages first.
   · Work keeps him tired.
4. · Many people use public transportation.
   · It is cheap.
   · I usually take a bus number 24.
   · It runs every 5 minutes.
5. · John swims very well.
   · He is very strong.
   · He always wins swimming contests.
   · He teaches me swimming.
   · I appreciate it.
6. · Coffee has caffeine.
   · I drink it every day.
   · My mother drinks it too.
   · We really like coffee.
7. · All the family members gather.
   · My father drives.
   · We talk a lot.
   · My brother and I get pocket money.

04 I come?
I like?

1. · I eat breakfast every day.
   · I like toast and coffee.
   · I prepare it myself.
   · I rarely skip breakfast.
   · It has something to do with my health.
2. · We have a meeting every month.
   · We discuss projects.
   · All of the employees attend it.
   · I sometimes make a presentation at the meeting.
   · I try hard.
3. · Korea has four seasons.
   · I like spring.
   · I enjoy outdoor activities.
   · My friend and I go on picnics.
   · We get some fresh air.
4. · I like spicy foods.
   · But I sometimes want something heavy in this cold weather.
   · I get a cheesecake then.
   · It tastes very good.
5. · My favorite restaurant is in Seoul.
   · It is a Chinese restaurant.
   · They serve great dishes.
   · It takes 20 minutes on foot.
   · My family often goes there.
6. · My sister's room is big.
   · I enter there.
   · I do many things.
   · My sister and I play fun games.
   · We sit together.
7. · Nancy asks many questions in class.
   · The teacher answers kindly.
   · I learn a lot.
   · I thank her.

05 I love she?
She loves me?

1. · I drink tea.
   · It is good for my health.
   · My favorite is lemon tea.
   · It tastes sour and sweet.
2. · I am happy to marry her.
   · I love her.
   · I plan a wedding.
   · I look up a lot of information.
   · Getting information is very important.

3. · Expensive cars are popular because they have good functions.
   · But everyone has a different preference.
   · It differs from person to person
4. · Brian and I meet at the coffee shop.
   · We look at the items on the menu.
   · We order cheaper ones.
   · Money is important. So we save money.
   · It is a good habit.
5. · My friend will come to my house.
   · I will buy ice cream for her.
   · I like the grape flavor.
   · She likes the strawberry flavor.
6. · I am a bus driver.
   · My bus has wheels, lights, and a door.
   · Many people get on my bus.
   · I drive safely.
   · I read traffic signs.
7. · I ride my bike.
   · I go fast.
   · It is convenient, but safety is important.
   · I am careful.
   · I keep it in mind.

· My teacher likes it.
· So I go to bed early.
· I keep doing it.
5. · My mother and I go shopping on weekends.
   · We also eat lunch at the department store.
   · There are many stores there.
   · The products in the department store are cheap.
6. · You go to class every weekend.
   · Because you study very hard,
   · you will get many opportunities in the future.
   · And you study for hours.
   · Keep up the good work.
7. · He behaves awfully.
   · Many people hate him.
   · I tell him many times every day,
   · but he does not change.
   · I worry about him.

06 I sing well?
I sing good?

1. · She and I live together.
   · We get up early in the morning.
   · Both of us are busy.
   · We work at the same place.
2. · I go jogging every day.
   · It has many good things.
   · I become quick and my body becomes flexible.
   · I do it in the park.
3. · The manager is in the conference room.
   · He attends the meeting often.
   · He is busy.
   · He looks tired these days.
4. · I get to my school on time.
   · I am never late.

07 I isn't a Korean?
I ain't a Korean?

1. · I went to an Italian restaurant last week.
   · The restaurant was not clean.
   · The waiters were not kind.
   · I will not go there again.
2. · I had a blind date yesterday.
   · The man was not tall.
   · And he was not good-looking.
   · I don't want to meet him again.
3. · Alex was my classmate,
   · but he and I were not close.
   · He was not honest.
   · He was not a good student.
4. · I am not a morning person.
   · I always get up late,
   · so I don't have time in the morning.
   · I can't eat breakfast.
5. · It is too cold today.
   · I don't like the cold weather.
   · My coat is not warm.

6.
- I want to go home right now.
- I am not slim.
- I need to lose weight.
- It is not easy.
- However, I will not give up.

7.
- I recently bought a camera,
- It was not expensive.
- It is not a brand-new camera,
- but it is practical.

08 I don't know? He don't know?

1.
- Do not ask Jack.
- He is not a manager,
- and he doesn't know well.
- Please wait a little bit.

2.
- I graduated from my school.
- I am not a student anymore.
- I am worried about my future
- because I don't have a job.

3.
- I have my final exam this Friday.
- I don't like tests.
- This subject is not easy.
- I want to skip the exam.

4.
- I bought a car yesterday.
- It is not big.
- However, I really like it.
- I don't need an expensive car.

5.
- Do you have a boyfriend?
- I don't have one.
- I am not interested in boys.
- I only love my work and life.

6.
- I am not a good cook.
- My cooking doesn't taste good,
- so my husband doesn't like it.
- However, I will do my best.

7.
- I don't like mathematics.
- I am not smart,
- so those questions are too difficult for me.
- I don't understand anything.

09 I didn't okay? I wasn't okay?

1.
- I did not set the alarm,
- so I got up late.
- I took a taxi.
- Luckily, I was not late.
- I arrived on time.

2.
- My sister wanted to work out
- because it is good for her health.
- But she did not work out.
- She did not have time.
- She was busy.

3.
- I did not order this one.
- I do not eat spicy food.
- It looks too spicy.
- Please check my order again.

4.
- I made the dishes.
- It was not easy because she did not help me.
- She watched TV all day.
- I hated her for no reason.

5.
- Bottled water was expensive at the convenience store.
- They did not buy it.
- This is because they were not thirsty.
- Eventually, they saved money.

6.
- She really likes the coastal walk.
- However, she did not go to the beach that day.
- Because she likes her home,
- she was not sad.

7.
- I had a party.
- I invited Sally.
- She did not come home, and she did not call me.
- I was worried about her,
- so I went to her house.

10 Do you tired?
Are you tired?

1. - You are taking the class.
   - I am too.
   - Is the class easy?
   - Is the teacher kind?
   - Do you like the teacher?
2. - I want something sour.
   - There is a new restaurant next to the building.
   - Do they serve something sour?
   - Is it expensive?
   - I want to try some dishes there.
3. - They have new software.
   - Do you have it too?
   - Is it useful?
   - I only have the old software.
   - It is slow.
4. - I want to go to City Hall.
   - I should take a bus.
   - Does this bus go to City Hall?
   - I am not familiar with this area.
5. - I like basketball.
   - It is fun and exciting.
   - I play it in the park.
   - Do you sometimes play it?
   - Are you good at it?
6. - You and I watched a performance last week.
   - Kevin was there.
   - Is he talented?
   - Do you like his acting?
7. - I saw Penny.
   - Are you dating her?
   - Is she your new girlfriend?
   - Oh, is it true?
   - What good news!

11 Did you wanted it?
Did you want it?

1. - The teacher looked for you.
   - Were you at home?
   - Did you tell her?
   - Were you sick?
   - Are you okay now?
2. - You and I graduated from the same school.
   - Was I a good friend?
   - I was not smart but good-natured.
   - Do you agree with my opinion?
3. - I am running late.
   - Is everyone there?
   - Did she start the meeting?
   - This question is very important.
   - Is the manager angry?
4. - We have a lot of home assignments.
   - Did you finish them?
   - Were they difficult?
   - Did your friend help you?
   - I need some help as well.
5. - The two men argued.
   - Was it serious?
   - Did he do something wrong?
   - Did they make up with each other?
6. - It is time for dinner.
   - Did you wash your hands?
   - Did you use soap?
   - Cleanliness is important.
7. - Did you take the mid-term test?
   - Was it tricky?
   - Are you confident?
   - That subject is your favorite.
   - You can get a good score.

12 What you do eat?
What do you eat?

1. - I like Jeju Island.
   - I go there from time to time.
   - What do you like?

- Do you like Jeju Island?
- Are there better places than Jeju Island?

2.
- You made a presentation yesterday.
- How did it go?
- Were you nervous?
- You prepared a lot,
- so I am not worried about you.

3.
- I waited for you.
- Where did you go?
- Did you get lost?
- How far did you go?
- You are never careful.
- Be careful please.

4.
- My vacation just started.
- I am on the plane right now.
- This flight moves.
- How long does it take to Hong Kong?
- I am so excited.

5.
- How many bottles did you drink?
- What time did you go home?
- Why did you drink so much?
- Where did you drink?
- Was your mother angry?

6.
- You bought a nice shirt.
- How much does it cost?
- What size do you wear?
- What color do they have?
- I really like it.

7.
- Where did you have dinner last weekend?
- Was the food great?
- Was the place crowded with people?
- Did you make a reservation in advance?
- How did you book a table?

13 Where are do you go?
Where are you going?

1.
- What are you doing?
- You did not finish your homework.
- Oh, when did you finish them?
- So that's why you look tired.

2.
- What makes you happy?

- I am happy to hear the news.
- When did you join the company?
- You deserve it
- because you studied hard.

3.
- Your new shoes look cool.
- How much are they?
- Where did you get them?
- What store is it?
- Where is it located?

4.
- Why are you so exhausted?
- How long did you work?
- Was the project difficult?
- Did you finish it?
- Go home and get some rest.

5.
- How was the weather in Japan?
- Was it warm?
- What activities did you do at that time?
- What activities do you recommend?
- Were they easy?

6.
- When is she free?
- She is so busy.
- Why does she do so much work?
- She needs a long holiday.
- And I miss her.

7.
- Where are you waiting?
- How far is it from here?
- I am near Gang-nam station.
- Why are you there?
- I don't understand you.

14 They slept long?
They sleeped long?

1.
- I watched a movie last night.
- The movie was so impressive.
- But I fell asleep while watching it.
- My mother woke me up this morning.

2.
- Last week I met my friend.
- I arrived late because of a traffic jam.
- I felt sorry, so I treated him to brunch.
- We went to a famous bakery.

3.
- I read the newspaper this morning.

- I read an article about an election.
- The article was so interesting.
- What news did you read recently?
4.
- I recently took a trip to China.
- We visited a major tourist attraction.
- I bought a souvenir for my family.
- However, I lost my passport.
- So I didn't check-in on time.
5.
- Many stores started a sale last week.
- I bought a bag on sale at a department store.
- I wanted to exchange it for another bag.
- However, it was out of stock.
6.
- I studied hard yesterday.
- I stayed up all night.
- And I took a final exam this morning.
- It was so difficult for me.
- So I had a headache.
7.
- I couldn't attend the meeting this morning
- because I forgot the meeting time.
- My boss was angry.
- It was my fault.

15 She is walk fast?
She is walking fast?

1.
- I am cleaning my room now.
- I bought a new vacuum cleaner last week.
- It is a popular model.
- It doesn't make any noise,
- so I like it.
2.
- I am jogging in the park.
- In other words, I'm trying to lose weight.
- So I ate an egg for breakfast.
- I don't want to gain any weight.
- Working out is not easy at all.
3.
- The man is driving a car.
- He passed his driving test two months ago.
- I don't have a driver's license.
- When did you get your driver's license?
4.
- I'm waiting for my girlfriend.
- We met five years ago.

- She is kind.
- She is often late,
- but I still love her.
5.
- The man is jogging with his dog.
- He is wearing blue sportswear.
- He jogs every day for his health.
- Jogging is a great exercise.
- What exercise do you do these days?
6.
- I'm drinking milk.
- I drink a glass of milk every day.
- My mother puts milk in the refrigerator.
- It is delicious and good for my health.
7.
- I'm wearing a heavy coat, but I'm shivering.
- It's very cold today.
- I don't like the cold weather.
- I love summer.
- What is your favorite season?

16 I am studying yesterday?
I was studying yesterday?

1.
- I enjoy playing computer games.
- I was doing it when you called me yesterday.
- Do you also like playing games?
- It is good to relieve my stress.
2.
- Skiing is my favorite sport.
- I was skiing last week.
- I was having fun.
- But I fell down.
- I should be careful when I do it.
3.
- I was going to a convenience store after work because I was starving.
- It rained all of a sudden.
- So I wanted to buy an umbrella.
- But I couldn't do so
- because I left my wallet on the desk at home.
4.
- I took a walk in a park last weekend.
- I saw my classmate there.
- The park has a track along the lake.
- He was running along the track.

5.
- We were reading books at home.
- We heard the noise from next door.
- Our neighbor was making noise all day long.
- What were they doing?

6.
- I use the subway every day.
- I took the subway this morning.
- I didn't get off because I was falling asleep.
- And I left my bag on the subway.
- Why did I do that?

7.
- I was writing a diary
- and listening to music on the bed at the same time.
- But I heard a strange sound.
- There were only my sister and me in the room.
- I was scared.

5.
- Do you like taking pictures?
- I love to take pictures of people.
- And I prefer film cameras.
- Because my current camera is out of order,
- I will buy a new camera this weekend.

6.
- It is my birthday today.
- I will have a birthday party.
- I invited my friends.
- They will come at six
- but my boyfriend will not come here due to his busy schedule.
- When is your birthday?

7.
- There is an amusement park in Seoul.
- I will go to the amusement park next week.
- The roller coaster is fast, but I will ride it.
- I will watch the parade.
- I will have a great time there.

17 I will play football?
I will played football?

1.
- I know you studied hard last week.
- You were studying English when I called you.
- You will pass the test for sure.
- What are you doing next week after the test?

2.
- I purchased a new washing machine.
- It has a lot of functions.
- I was using the washing machine.
- It stopped working.
- I called the service center yesterday.
- They will fix the machine this afternoon.

3.
- The plane will land in ten minutes.
- Please fasten your seatbelt.
- The plane is landing at the airport.
- If you follow the directions, you will be safe.

4.
- She smokes cigarettes.
- Smoking is bad for her health.
- She knows that.
- She will stop smoking.
- But it will not be easy.

18 I can come soon?
I can coming soon?

1.
- I bought a lottery ticket last week.
- I won the lottery.
- I can't believe it.
- My life will change completely.
- Can you believe this?

2.
- The Han River is the best place for picnics.
- The weather is perfect.
- I'm preparing food for a picnic.
- I can pick you up in the afternoon.
- Will you join us?

3.
- I can play the piano.
- I learned to play the piano when I was a kid.
- I'm taking piano lessons these days.
- I practice almost every day.
- I will get better at it soon.

4.
- I'm saving money.
- Money is important in my life.
- I don't usually spend much money.
- I will buy a new house.

5.
- My brother doesn't do(wash) the dishes.
- I do(wash) the dishes.

- My brother usually does laundry.
- He will do laundry after he studies English today.
- We can clean the living room together.

6.
- She can speak English fluently.
- She studied English for a long time.
- She couldn't speak English in the past.
- Now she is good at English conversations.
- She will leave for the U.S. tomorrow.

7.
- I often buy books at a bookstore.
- I have a lot of books.
- How many books do you read a month?
- Can I borrow your book?
- Can you recommend a book for me?

19 I should study English?
I should to study English?

1.
- My house has a large garden.
- I'm interested in gardening.
- I watch a gardening program on TV every week.
- I take care of the garden.

2.
- I should submit a report on time.
- The deadline is June 1st.
- I will not be able to meet the deadline.
- Can you help me?

3.
- Winter vacation is long.
- You should plan your winter vacation.
- What will you do this vacation?
- The vacation started last week.
- I will visit my grandmother with my family.

4.
- There isn't a parking place.
- You should not park your car on the sidewalks.
- I will find a place.
- Where is the nearest parking lot?

5.
- You look so tired.
- Did you stay up all night?
- Why do you look so tired?
- You should go to bed early.
- I will help you.

6.
- You should have a lot of fruits and vegetables.
- You can prevent catching a cold.
- I take vitamin C to stay healthy.
- Oranges are good because they are rich in vitamin C.

7.
- I lost my wallet.
- My student ID is in my wallet.
- I should take my student ID to go to the school library.
- What should I do?
- Where can I get a new one?

20 Have you ever gone to Paris?
Have you ever been to Paris?

1.
- Have you ever been to Europe?
- I have never been there.
- I'm interested in traveling to France.
- Europe has a very beautiful landscape.

2.
- I watched the musical 'Cats'.
- It is my favorite one.
- This is the first time I have watched the musical.
- Have you watched other famous ones?
- Can you recommend a musical?

3.
- Will you have dinner with me?
- Have you eaten?
- Sorry, then do you have time for dinner together tomorrow?
- I will make a reservation at a restaurant.

4.
- I have not gotten a job yet.
- We have a serious unemployment problem.
- Did you get a job?
- When did you get a job?
- I'm worried about my future.
- What should I study now?

5.
- I have been sick since last week.
- It is getting worse.
- I should see a doctor soon.
- I don't like getting shots.

6.
- I have donated money to UNICEF.

- It has been for the starving children in Africa.
- There are plenty of ways to help them.
- My sister and I can donate our old clothes to a charity.

7.
- Have you ever dyed your hair?
- Sally recently broke up with her boyfriend.
- She dyed her hair blonde.
- Anyway, it is hard to take care of dyed hair.

21 I wait here for 1 hour?
I have waited here for 1 hour?

1.
- Online shopping is convenient.
- I often visit a shopping website.
- I ordered a bag online recently.
- But I have not received the bag.

2.
- Banks close at 4p.m.
- The closing time is so early.
- I have no time to go to banks.
- However, I can do everything on a smartphone now.
- So, lately I have not been to banks.

3.
- She has an interview this week.
- She is a competent applicant.
- She has not failed at any interview.
- She will join the company for sure.

4.
- There is a famous police officer in my town.
- Haven't you heard about him before?
- He has not made a mistake.
- He will receive a bonus next month.

5.
- The entire public restroom is a non-smoking area.
- I have not smoked there.
- We can use the facility for free in Korea.
- We should use it well.

6.
- Do you like comic books?
- I have not read them.
- I'm trying to read comic books.
- Can you recommend some good ones?

7.
- I like traveling.

- I have not been to Japan yet.
- Have you been there before?
- I will go on a trip to Japan next month.
- Would you like to join me?

22 I want love you?
I want to love you?

1.
- I should develop my communication skills.
- It is difficult to communicate with other people.
- We communicate with others every day.
- How can I improve my communication skills?
- I want to improve those skills.

2.
- He has very little free time.
- He is busy with many things.
- He can't afford to spend his free time.
- What do you usually do in your free time?

3.
- Lectures will begin on Tuesday.
- In college, time management is important.
- When I was a freshman, I was not good at doing it.
- So I have used a planner for a long time.
- Do you need to use one, too?

4.
- My parents gave me a gift certificate as a birthday gift.
- I plan to go shopping.
- It is because my shoes are worn out.
- I should buy new shoes.
- I wish to buy comfortable shoes.
- Do you happen to know good shoe stores?

5.
- I have poor eyesight.
- I can't see anything without my glasses.
- I didn't know where I put mine this morning.
- And I failed to find them.
- Where did I put my glasses?

6.
- He entered high school this year.
- When he was a middle school student, he didn't study hard.
- He decided to study harder.
- He will do well on the upcoming exam.

7.
- The weather is warning up.
- We can smell the scent of spring.
- The spring is just around the corner.
- I really like to go to cherry blossom festivals in spring.
- I'm really looking forward to it this year.

23 I enjoy swim now?
   I enjoy swimming now?

1.
- I got a ticket for speeding.
- It was my fault.
- This was my first time.
- I should avoid speeding when I drive a car.
- You should be careful as well.

2.
- Patience is one of his strengths.
- He always tries to get better grades.
- I can learn many things from him.
- I should keep trying to be like him.

3.
- How do you spend your free time?
- My hobby is to watch movies alone.
- I enjoy watching horror movies.
- I like watching them alone.
- However, I mind watching romantic movies.

4.
- I suggested going out for dinner last week.
- My parents didn't forget to eat out with me.
- So my family went to a new Italian restaurant yesterday.
- We had a great time there.

5.
- I finished writing a letter.
- I often write letters to one of my friends.
- It is because she lives overseas.
- I prefer a letter to an e-mail.
- Which do you like better, a letter or an e-mail?

6.
- My father became unhealthy.
- He gave up drinking.
- He does not drink anymore.
- Stopping drinking is not easy.
- However, it is desirable for his health.

7.
- Where do you see yourself in 10 years?
- I dream of being a professor.
- To do so, I have to give up doing many things.
- However, I will continue to work hard.
- My dream will come true.

24 I think you cute?
   I think you are cute?

1.
- I like chocolate cakes.
- I think that having cakes makes me happy.
- But I know that they have high calories.
- So I don't eat them too much.

2.
- She bought a new smartphone.
- She was unhappy with its quality.
- She wanted to exchange it for a new one.
- She called customer service.
- They said that they will do it.

3.
- Have you ever misunderstood other people?
- I have done this before.
- When I was little, I thought that my friends didn't like me.
- And I think that this happens a lot to many children.

4.
- I believe that we have to try harder to get healthy.
- Many people do not know the value of their health.
- I think that health is the most important thing in life.
- Do you know how to take care of yourself?

5.
- What is the most popular spot in Seoul?
- I think that Hong-dae is the most popular.
- That area is always crowded with people.
- The young especially like to visit this place.

6.
- I have promised that I will not be late again.
- I find that punctuality is the key to success.
- I will keep my promise.
- I believe that I can do this.

7.
- He reminds me that I have to wear my ID card at work.
- I know that I should wear it at all times.

- But I sometimes forget to bring it.
- Anyway, I have to follow the company policy.

25 There is people?
There are people?

1. - Are there my contact lenses there?
   - I'm looking for them.
   - Have you ever worn contact lenses?
   - They are easy to lose.
   - I should put them in the same place every day.
2. - There is a motorcycle in front of my house.
   - Whose is that?
   - The motorcycle is great, isn't it?
   - There are a lot of signs in the operational panel.
   - And that looks pretty expensive.
3. - I heard that there is a gym in my neighborhood.
   - Is there a swimming pool, too?
   - I'm thinking of changing to another gym.
   - The current one is too expensive.
4. - I like reading books in a café.
   - I usually read books there.
   - The café was so noisy, so I couldn't concentrate today.
   - There were too many people there today.
5. - Is there any change in my schedule?
   - I have just finished one meeting.
   - But there is still a long way to go.
   - I am not sure that I can complete them all well.
   - Wish me luck!
6. - Why were you late?
   - Has there been a car accident?
   - I also have been stuck in traffic on my way here.
   - I am worried about going back home.
   - Are there better ways to go home without a traffic jam?

7. - There is a new clothing store.
   - I have heard a lot about the place.
   - So I decided to go there.
   - I have been told that the designs of clothes are unique.
   - Do you want to join me?

26 Dinner was served?
Dinner was serving?

1. - I don't know much about wine.
   - I just enjoy trying it.
   - Wine is made from grapes.
   - Which do you like better, red wine or the white one?
2. - I was raised by my grandmother.
   - My parents were busy with their work.
   - I think that she is the best grandmother in the world.
   - I hope that she lives long and stays healthy.
3. - The book was translated into Korean.
   - It was translated well.
   - However, a translation cannot deliver the meaning of the original.
   - So I always read the original first.
4. - Hangeul was created by King Se-jong.
   - He has been respected by many people for a long time.
   - I think that Hangeul is the most beautiful writing system in the whole world.
   - I'm very proud of it.
5. - I tend to skip breakfast because I am not a morning person.
   - Breakfast is usually prepared by my mother.
   - She says that it is the most important meal of the day.
   - I agree with her opinion to some extent.
6. - I borrowed a book from the library.
   - It should be returned by today.
   - I forgot borrowing it.
   - The late fee is too high.

- I will go to the library this afternoon.
- Can you drive me to the library?

7.
- Many things can be recycled.
- Recycling can save a lot of resources.
- We must separate the garbage.
- Do you know why recycling is important?
- It is because most of the resources are limited.

- in that place.
- I could find the criminal.
- It was something unexpected.

7.
- We should put on sunblock every day.
- Otherwise, your skin will be burned.
- Using sunscreen is important for your skin.
- When you go out, you make sure to wear sunblock!

27 I wasn't bored?
   I was didn't bored?

1.
- My desk is covered with dust.
- It is time to clean my house.
- A robot cleaner is often used in my house.
- It is convenient.
- It also saves me time.

2.
- It should be submitted by March 1st.
- The deadline has been extended.
- Applications can be submitted on their homepage.
- And there is no entry fee.

3.
- I received the utility bills the day before yesterday.
- The bills have to be paid.
- I always pay my bills on time.
- It is something annoying.
- But I have to do this.

4.
- These sneakers are designed by a famous designer.
- Where can the sneakers be purchased?
- I plan to get my friend new sneakers.
- I am sure that she will like them.

5.
- I'm worried about the presentation next week.
- The issue has been discussed by our team.
- We plan to complete the preparation ahead of time.
- But it seems impossible.
- What needs to be done?

6.
- My wallet has been stolen.
- However, security cameras were installed

28 I am good and kind?
   I am good, and I am kind?

1.
- I plan to buy a new laptop computer.
- It is very portable and easy to use.
- I usually use it to watch movies and study English.
- Where did you get your laptop computer?

2.
- I recently moved to a new apartment.
- It was built this year.
- There is a park in front of my apartment.
- It is five minutes away from my place.
- So I go there almost every day.

3.
- What was your first impression of her?
- She seemed a bit cold, but she was actually kind.
- She was not cynical.
- We shouldn't judge people by their looks.

4.
- I use public transportation to save money.
- What kind of public transportation do you use most often?
- I take the subway to work every day.
- My company is far away, so I can do many things on the subway.

5.
- I go to the supermarket once a week.
- There is a flower shop in the supermarket.
- I bought some fruit and vegetables and some roses at the flower shop.
- A few days ago, I received a 10% discount coupon on the website.

6.
- I got up early, but I was late for school.
- I missed the bus.
- I don't want to be late again.

- This is because I have been late for school for a week.
- I should hurry up in the morning.
7. - I went backpacking in Europe.
   - I visited museums and had delicious food.
   - I met a lot of people, so I was not tired at all.
   - Why don't you go backpacking?

29 I'm popular because I am cool?
   I'm popular. Because I am cool?

1. - A job interview is the most important part of finding a job.
   - You have done well so far.
   - Don't be nervous before you have a job interview.
   - You will pass the interview even though it is difficult.
2. - It is getting warmer day by day.
   - I can feel that spring is just around the corner.
   - We can enjoy various outdoor activities in spring.
   - Even though the weather is nice, the fine dust problem is quite serious in spring.
3. - Since(Because) I'm not a child anymore,
   - I should become independent of my parents.
   - Living alone is hard for everyone.
   - I know that there will be many difficulties, but I will overcome them.
4. - I frequently work overtime.
   - Because our department recently started a new project,
   - we're working on it now.
   - I am exhausted from working overtime.
   - I am looking forward to this weekend.
5. - Even though I dressed warmly, I caught a cold.
   - Now I have a fever and a cough.
   - I went to see a doctor because of a cold.

- The doctor said that I should rest and drink a lot of warm water.
6. - I have a friend from Canada.
   - She was an exchange student from Canada.
   - When she first came to Korea, she couldn't speak Korean at all.
   - Now she is good at speaking Korean because she has lived in Korea for two years.
7. - Do you have any credit cards?
   - Many people use them because they are more convenient.
   - I have three credit cards.
   - I shouldn't overuse them.

30 I focus the project?
   I focus on the project?

1. - Airports are always crowded with people.
   - I'm supposed to meet a friend there at 2.
   - I should arrive there by four.
   - We will go to the airport by shuttle.
2. - What do you want to be in the future?
   - I want to be a teacher.
   - Everything depends on my willpower and efforts.
   - I am not afraid of failure.
   - I will keep trying.
3. - Do you know how to cook noodles?
   - It is easy and simple to make them.
   - First, you have to wait until the water starts to boil.
   - When the water boils, put the noodles in the pot.
   - You can add an egg while cooking.
4. - Many people use smartphones.
   - I'm addicted to using mine.
   - I can do many things on it.
   - I can shop online by using it.
   - Without it, I should give up many things.
5. - I'm interested in cosmetics.

267

- I especially love lipstick.
- I usually buy cosmetics at a department store.
- I can buy them at discounted prices
- because I have often bought them.

6.
- I happened to meet a friend in the elevator.
- The elevator was not full of people.
- She was reading newspapers when I got on the elevator.
- She and I talked about our daily lives.

7.
- There is a TV in my room.
- I like watching baseball games on TV.
- One day, I was having a snack while watching TV.
- My mother yelled because I spent too much time watching it.